비상 독해路

수능 국어 1등급

예비 고등~고등3

수능 개념을 바탕으로 실전 감각을 길러요

독서, 고난도 독서

기출 개념을 익히고 학습하는 수능 예상 문제집

독서 기본, 독서

기출로 실전 감각을 키우는 기출문제집

예비 중등~중등3

영역별 독해 전략을 바탕으로 독해력을 강화해요

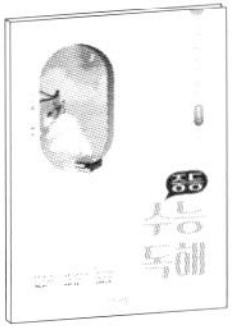

비문학 1~3권

독해력을 단계별로 단련하는 중등 독해

어휘편 1~3권

중등 전 과목 교과서 필수 어휘 학습

문학편 1~3권

감상 스킬을 단련하는 필수 작품 독해

초등3~예비 중등

본격적으로 학습 독해 실력을 쌓아요

비문학 시작편 1~2권

초등에서 처음 만나는 수능 독해의 기본

비문학 1~2권

초등 독해의 넥스트레벨 고급 독해

문학 1~3권

시험에 꼭 나오는 작품 독해

초등 수능 독해

비문학 | 시작편 2

구성과 특장

이렇게 공부해요!

수능 시험은 학교 시험과 달라서 글을 독해하는 연습을 미리 해 두지 않으면 포기하기 쉬워요.
여러분이 미리 수능을 연습할 수 있는 책이 바로 **초등 수능독해 비문학 시리즈**랍니다.
초등 수능독해 비문학 '시작편'은 초등 3~4학년이 비문학 지문을 경험하고 연습할 수 있는 책이에요.

초등 수능독해 비문학 시리즈를 완벽하게 활용하는 방법

비문학 시작편 1~2

1,000자 정도의 짧은 지문

초등 고학년 ~ 예비 중학생 수준의 어휘

* 매주마다 인문 · 사회 · 과학 · 기술 · 예술 영역의 여러 가지 주제를 다룬 지문을 골고루 독해합니다.
* 기초 독해 원리를 익히고, 지문에 적용하며 핵심 내용을 정리하는 연습을 합니다.

비문학 1~2

1,200자 정도의 긴 지문

예비 중학생 ~ 중학생 수준의 어휘

* 인문 · 사회 · 과학 · 기술 · 예술 영역으로 단원을 구성하여 집중적으로 고난도 지문을 독해합니다.
* 각 지문에서 반드시 파악해야 하는 핵심 내용을 알고, 이 내용이 문제로 어떻게 출제되는지 확인합니다.

초등 수능독해 비문학 시작편 을 완벽하게 활용하는 방법

매일 어휘 학습 → 지문 독해 학습 → 문제 확인

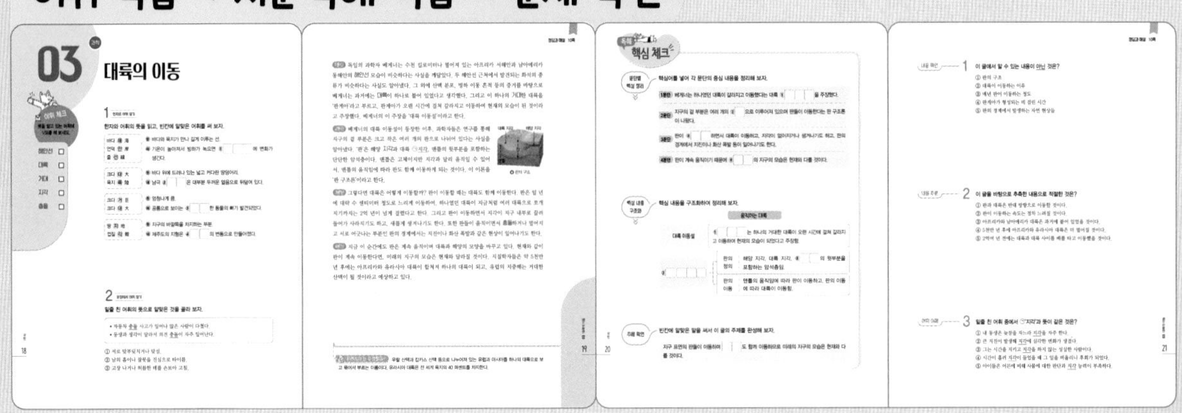

* 어휘 체크▶ 지문에 사용된 중요 어휘를 미리 학습하고 어휘의 뜻을 추측하는 방법을 연습합니다.
* 독해 지문▶ 각종 평가와 중등 교과에서 다루어지는 내용을 초등학생 수준에 맞춰 다듬은 지문을 읽으며 글을 파악합니다.
* 독해 핵심 체크▶ 문단별 핵심 정리, 핵심 내용 구조화, 주제 확인 활동을 해 봅니다. 빈칸을 채우며 지문을 제대로 독해했는지 확인합니다.
* 독해 문제▶ 내용 확인 문제, 내용 추론 문제, 내용 비판 문제, 어휘 이해 문제를 풀어 봅니다.

매주 어휘로 마무리

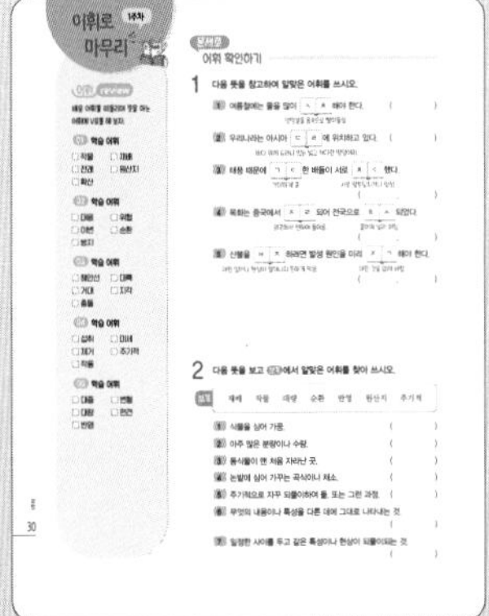

* 어휘로 마무리▶ 5개의 지문을 학습한 후, 각 지문의 어휘 체크에 나온 25개 어휘들을 복습하며 독해의 기초인 어휘를 확인해 봅니다.

정답과 해설

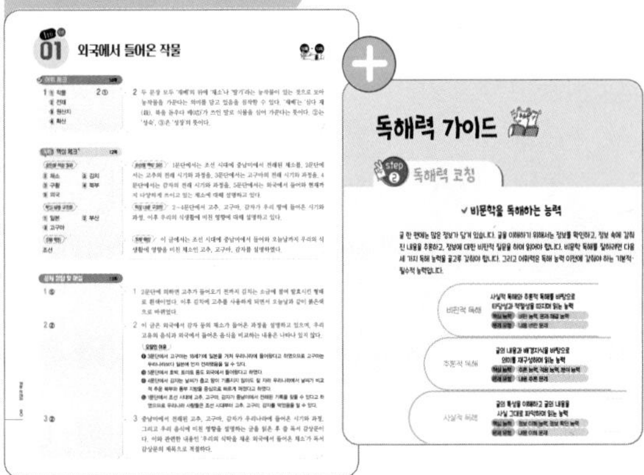

* 독해력 가이드▶ 잘 틀리는 문제 유형을 확인하고, 어떻게 하면 지문을 제대로 읽고 바르게 문제를 풀 수 있는지 알아봅니다.
* 정답과 해설▶ 정확한 문제 해설, 오답인 이유, 보기 해설까지 꼼꼼하게 확인해 봅니다.

초등 수능독해 비문학 시작편 1~2에는 각 20개 지문이 실려 있어요.
매주마다 인문 · 사회 · 과학 · 기술 · 예술 지문을 하나씩 독해해서
한 달에 20개 지문을 꾸준히 학습해 봐요.

3주차

4주차

초등학생이 꼭 배워야 할
기초 독해 원리

기초 독해 원리 ①

핵심어 찾기

핵심어는 글에서 중심이 되는 단어예요. "무엇에 대해 설명하는 글이다."라고 할 때 바로 '무엇'에 해당하는 단어이지요. 핵심어는 보통 첫 문단부터 나오고, 그 글에서 반복해서 나와요. 글을 읽으면서 반복해서 나오는 단어가 무엇인지 찾아보세요.

1문단 조선 시대에 종묘에서 왕실의 조상들에게 올리던 제사를 '종묘 제례'라고 한다. 종묘 제례는 나라의 중요한 행사였으므로 왕이 중심이 되어 직접 제사를 이끌었다. 엄숙한 분위기 속에서 미리 짠 순서에 따라 제사를 지냈으며, 제사를 지내는 동안 웅장한 노래와 춤, 악기 연주 등이 어우러졌다. 이처럼 종묘 제례에 사용되는 노래, 춤, 그리고 악기 연주를 아울러 '종묘 제례악'이라고 한다.

↳ 이 글의 1문단에는 '종묘 제례', '종묘 제례악'이라는 단어가 자주 나오지요? 이러한 핵심어와 연관된 내용이 나올 것을 알 수 있어요.

기초 독해 원리 ②

문단 중심 내용 파악하기

글은 여러 문단으로 되어 있고, 각 문단마다 중심 내용이 있어요. 문단에서 핵심어와 관련된 내용 중에 가장 중요하게 이야기하는 내용을 파악해 보세요. 문단의 가장 첫 문장과 가장 마지막 문장에 중심 내용이 자주 나오기도 해요.

핵심어를 넣어 각 문단의 중심 내용을 정리해 보자.

1문단 ① □□ □□에 사용되는 노래, 춤, 악기 연주를 아울러 종묘 제례악이라고 한다.

2문단 ② □□은 왕실 조상들의 업적이나 조선 건국을 찬양하는 내용의 노래이다.

3문단 ③ □□는 노래의 내용에 따라 '문무'와 '무무'로 나뉘는 춤이다.

4문단 종묘 제례악에서는 우리 고유의 ④ □□□와 함께 다양한 악기가 사용되었다.

5문단 종묘 제례악은 소중한 문화유산이자, 오늘날까지 행해지는 오래된 ⑤ □□ 문화이다.

↳ 이 글의 1문단에서는 '종묘 제례악'이 무엇인지를 설명하고 있어요. 이런 내용이 잘 드러난 중심 문장을 찾으면 중심 내용을 파악할 수 있어요.

독해력은 글을 읽기만 해서는 기를 수 없어요.
독해 원리를 적용해서 내용을 파악하며 읽어야 독해력을 기를 수 있어요.
초등학교부터 독해 원리를 적용해서 글을 읽는 습관을 들이면
중학교, 고등학교에서 배울 어려운 지문도 문제없이 독해할 수 있어요.

기초 독해 원리 ③ 글 전체의 핵심 내용 파악하기

각 문단의 중심 내용이 이어지는 흐름을 보면, 전체 내용이 어떻게 전개되는지 파악하기 쉬워요. 앞뒤 문단이 핵심어에 대해 차례대로 설명하는지, 공통점이나 차이점을 제시하는지 등을 구조화하여 정리해 보세요.

핵심 내용을 구조화하여 정리해 보자.

종묘 제례악의 구성 요소

노래	• '악장'이라고 부름. • 주로 왕실 조상의 업적이나 조선 1 ☐☐ 을 찬양하는 내용임.
춤	• '일무'라고 부름. • 조상의 학문과 덕을 노래할 때에는 2 '☐☐'를, 나라를 세운 업적을 노래할 때에는 '무무'를 춤.
악기 연주	• 우리 고유의 향악기, 중국의 아악기 및 당악기 등 다양한 악기가 사용됨. • 악기는 3 '☐☐'을 갖추어야 함.

→ 문단별 중심 내용을 보면, 이 글은 종묘 제례악이 무엇이며 어떻게 구성되었는지에 대한 정보를 차례로 설명했음을 알 수 있어요.

기초 독해 원리 ④ 글의 주제 파악하기

주제는 글쓴이가 글에서 최종적으로 전달하려는 핵심 내용이에요. 주제를 찾으려면 파악한 핵심어와 문단 중심 내용을 정리하여 한 문장으로 써 보세요. 마지막 문단에 주제가 자주 나오니 글을 마지막까지 잘 읽으세요.

빈칸에 알맞은 말을 써서 이 글의 주제를 완성해 보자.

조선 시대부터 내려온 종묘 제례악은 노래, 춤, 악기 연주가 어우러진 ☐☐ 예술이자, 세계에서도 손꼽힐 만큼 오래된 의례 문화이다.

→ 핵심어인 '종묘 제례악'을 넣어 이 글 전체에서 말하는 내용을 한 문장으로 표현하면 주제가 됩니다.

영역

01 인문

02 사회

03 과학

04 기술

05 예술

배울 내용	독해 난도	학습 날짜	학습 확인
중등 교과 제재 고추, 고구마, 감자와 같이 외국에서 들어온 채소가 우리나라에 전래된 시기와 과정을 설명하는 글입니다.	초4 초5 초6	월 일	
중등 교과 제재 지구 온난화가 일으키는 문제를 근거로 제시한 후 지구 온난화를 막기 위해 국제 사회의 협력이 필요함을 주장하는 글입니다.	초4 초5 초6	월 일	
중등 교과 제재 대륙 이동설과 판 구조론을 바탕으로 현재도 지구의 대륙이 이동하고 있음을 설명하는 글입니다.	초4 초5 초6	월 일	
공기 청정기가 오염 물질을 걸러 내는 두 가지 방식을 설명하는 글입니다.	초4 초5 초6	월 일	
중등 교과 제재 팝 아트의 뜻과 생겨난 배경, 특징, 팝 아트를 대표하는 작가에 대해 설명하는 글입니다.	초4 초5 초6	월 일	

매일 공부를 마치면, 학습 확인 칸에 ○표를 하세요.

인문

01 외국에서 들어온 작물

☑ 어휘 체크

뜻을 알고 있는 어휘에 V표를 해 보세요.

- 작물 □
- 재배 □
- 전래 □
- 원산지 □
- 확산 □

1 한자로 어휘 알기

한자와 어휘의 뜻을 읽고, 빈칸에 알맞은 어휘를 써 보자.

짓다 작 作 / 물건 물 物
- 뜻 논밭에 심어 가꾸는 곡식이나 채소.
- 예 쌀이 귀한 시절에는 감자 같은 1 □□ 을 많이 키웠다.

전하다 전 傳 / 오다 래 來
- 뜻 외국에서 전하여 들어옴.
- 예 중국에서 우리나라에 한자가 2 □□ 된 것은 오래전이다.

근원 원 原 / 자라다 산 産 / 땅 지 地
- 뜻 동식물이 맨 처음 자라난 곳.
- 예 이 과일의 3 □□□ 는 무더운 열대 지방이다.

넓히다 확 擴 / 흩어지다 산 散
- 뜻 흩어져 널리 퍼짐.
- 예 독감 바이러스가 전국적으로 빠르게 4 □□ 되고 있다.

2 문장에서 어휘 알기

밑줄 친 어휘의 뜻으로 알맞은 것을 골라 보자.

- 시골에 놀러가면 할머니께서 직접 재배한 채소를 주신다.
- 요즈음은 비닐하우스에서 재배한 딸기를 겨울에도 맛볼 수 있다.

① 식물을 심어 가꿈.
② 경험이나 습관을 쌓아 익숙해짐.
③ 사람이나 동식물 따위가 자라서 점점 커짐.

1문단 현재 우리는 세계에서 들어온 많은 **작물**들을 **재배**하여 먹고 있다. 그렇다면 과거 조선 시대에도 외국에서 들어온 작물이 있었을까? 조선 시대 농사와 관련한 책을 살펴보면 그 당시 재배했던 작물들이 기록되어 있다. 특히 현재 우리의 식생활과 밀접한 채소들인 고추, 고구마, 감자가 중남미에서 **전래**된 기록을 찾아볼 수 있다.

2문단 고추는 우리 고유의 음식인 고추장, 김치에 사용되기 때문에 우리나라에 원래 있었던 채소로 생각하기 쉽다. 그러나 고추는 중남미에서 재배되던 것으로 16세기 임진왜란을 전후로 일본을 거쳐 우리 땅에 들어온 것으로 알려져 있다. 고추가 들어오기 전까지 김치는 소금에만 절여 발효시켰기 때문에 흰색이었다고 한다. 1766년 『증보산림경제』에는 김치에 고추를 사용한 예가 소개되어 있는데, 고추를 사용하게 되면서 김치는 오늘날과 같이 붉은색이 되었다.

3문단 고구마는 가뭄이나 해충에 영향을 잘 받지 않아 재배하기 쉬운 채소 중 하나이다. 이러한 고구마도 중남미가 **원산지**로, 18세기에 일본을 거쳐 우리나라에 들어왔다. 1763년 조선의 사신이었던 조엄은 일본에 갔다가 고구마를 보고 그 씨를 부산에 보냈다. 고구마는 남부 지방을 중심으로 퍼져 나갔고, 일제 강점기에 널리 **확산**되어 우리나라의 대표적인 구황 작물 중 하나로 자리잡았다.

4문단 감자는 고구마와 함께 우리나라의 대표적인 구황 작물로 꼽힌다. 감자도 중남미가 원산지로, 19세기에 인도와 중국을 거쳐 우리나라 북부 지방으로 들어왔다. 감자는 날씨가 춥고 땅이 기름지지 않아도 잘 자란다. 이 때문에 감자는 우리나라에서 날씨가 비교적 추운 북부와 동부 지방을 중심으로 빠르게 퍼져 나가, 조선 후기에는 고구마보다 널리 보급되었다.

5문단 이처럼 외국에서 들어온 고추, 고구마, 감자는 현재까지도 우리나라에서 널리 재배되고, 다양한 음식 재료로 활용되고 있다. 고추는 우리 민족과 뗄 수 없는 김치의 재료로, 고구마와 감자는 식량이 모자랄 때 우리의 배를 채워 주는 식량 자원으로 널리 활용되어 온 것이다. 이밖에 호박, 토마토 등도 외국에서 들어와 우리나라 땅에서 활발하게 재배되고, 우리의 식탁에도 자주 올라오는 작물이다.

'구황 작물'은 무엇일까? '구황'은 '흉년 따위로 먹을 것이 귀할 때 가난한 백성들을 굶주림에서 벗어나도록 도움.'이라는 뜻이다. '구황 작물'은 먹을거리가 부족할 때 주로 먹는 음식 대신 먹을 수 있는 농작물을 말한다. 가뭄이나 장마에 영향을 받지 않고, 기름지지 않은 땅에서도 가꿀 수 있는 작물이다. 고구마, 감자, 메밀 따위가 있다.

문단별 핵심 정리

핵심어를 넣어 각 문단의 중심 내용을 정리해 보자.

1문단 우리의 식생활과 밀접한 ① □□들이 조선 시대에 중남미에서 들어왔다.

2문단 고추는 16세기에 우리나라에 들어왔고, 이때부터 ② □□가 붉은색이 되었다.

3문단 고구마는 18세기에 우리나라에 들어와 대표적인 ③ □□ 작물로 자리잡았다.

4문단 감자는 19세기에 우리나라 ④ □□ 지방으로 들어와 고구마보다 널리 보급되었다.

5문단 ⑤ □□에서 들어온 고추, 고구마, 감자는 현재까지도 널리 재배되고 있다.

핵심 내용 구조화

핵심 내용을 구조화하여 정리해 보자.

조선 시대에 중남미에서 전래된 채소

	고추	고구마	감자
전래 시기	16세기	18세기	19세기
전래 과정	임진왜란을 전후로 하여 ① □□을 거쳐 들어왔으며, 김치 등 우리나라 고유의 음식에 쓰이게 됨.	일본에 간 사신이 고구마 씨를 ② □□에 보내면서 들어왔으며, 대표적인 구황 작물로 자리잡음.	인도와 중국을 거쳐 우리나라 북부 지방에 들어왔으며, 조선 후기에 ③ □□□보다 널리 보급됨.

주제 확인

빈칸에 알맞은 말을 써서 이 글의 주제를 완성해 보자.

□□ 시대에 외국에서 들어온 고추, 고구마, 감자는 우리나라에서 널리 재배되어 현재까지 다양한 음식 재료로 활용되고 있다.

내용 확인

1 **이 글의 내용과 일치하지 않는 것은?**

① 감자는 조선 후기에 고구마보다 널리 보급되었다.
② 고추, 고구마, 감자는 조선 시대에 우리나라에 전래되었다.
③ 감자와 고구마는 우리나라에 들어와 구황 작물로 자리잡았다.
④ 고추, 고구마, 감자는 현재까지 다양한 음식 재료로 활용되고 있다.
⑤ 고추가 우리나라에 들어오면서 소금에 절여 만든 김치를 먹기 시작하였다.

내용 추론

2 **이 글을 읽고 난 반응으로 적절하지 않은 것은?**

① 민수: 고구마는 우리나라보다 일본에 먼저 전래됐겠구나.
② 동현: 우리 고유의 음식이 외국에서 들어온 음식보다 인기가 많구나.
③ 진규: 고추, 고구마, 감자 이외에도 외국에서 전래된 채소들이 또 있구나.
④ 지혜: 감자는 추운 환경에서도 잘 자라서 우리 땅에 잘 자리잡은 것이구나.
⑤ 영호: 우리나라 사람들은 조선 시대부터 고추, 고구마, 감자를 먹게 되었구나.

내용 추론

3 **이 글을 읽고 쓸 독서 감상문 내용을 정리하였다. 괄호 안에 들어갈 내용으로 가장 적절한 것은?**

> • 독서 감상문 제목: (   )
> • 글을 읽은 까닭: 우리의 식탁에서 쉽게 찾아볼 수 있는 채소들이 언제 우리나라에 들어왔는지, 우리에게 어떤 영향을 미쳤는지 궁금했다.

① 시간과 공간을 뛰어넘은 한국인의 입맛
② 우리의 식탁을 채운 외국에서 들어온 채소
③ 선조들의 생활을 잘 드러내는 고유한 음식
④ 조선 시대를 대표하는 음식 재료들의 활용법
⑤ 배고픈 사람들을 구하는 채소, 감자와 고구마

사회

02 지구 온난화의 위협

어휘 체크

뜻을 알고 있는 어휘에 V표를 해 보세요.

- 대응 ☐
- 위협 ☐
- 이변 ☐
- 순환 ☐
- 방지 ☐

1 한자로 어휘 알기

한자와 어휘의 뜻을 읽고, 빈칸에 알맞은 어휘를 써 보자.

대하다 대 對 / 응하다 응 應

뜻 어떤 일이나 사태에 맞추어 태도나 행동을 취함.

예 화재가 나자 소방관들이 빠르게 1 ☐☐ 했다.

협박하다 위 威 / 위협하다 협 脅

뜻 힘으로 상대편이 겁을 먹도록 협박함.

예 도둑이 돈을 내놓으라며 사람들을 2 ☐☐ 했다.

다르다 이 異 / 변하다 변 變

뜻 정상적이 아닌 이상한 일이나 사건.

예 한여름에 눈이 내리는 3 ☐☐ 이 일어났다.

돌다 순 循 / 돌다 환 環

뜻 주기적으로 자꾸 되풀이하여 돎. 또는 그런 과정.

예 계절의 4 ☐☐ 에 따라 꽃들이 피고 진다.

2 문장에서 어휘 알기

밑줄 친 어휘의 뜻으로 알맞은 것을 골라 보자.

- 나무를 많이 심으면 산사태를 방지할 수 있다.
- 도난 사고를 방지하기 위해 시시 티브이(CCTV)를 설치했다.

① 권하여 장려함.
② 남의 일을 간섭하고 막아 해를 끼침.
③ 어떤 일이나 현상이 일어나지 못하게 막음.

1문단 기후 변화는 일정한 지역에서 오랜 기간에 걸쳐서 나타나는 기후의 평균적인 상태가 변하는 것을 말한다. 석탄, 석유 등의 화석 연료를 사용하면 지구의 대기를 오염시키는 온실가스가 나온다. 온실가스의 배출량이 많아지면서 온실 효과가 나타나 지구의 평균 기온이 급격하게 상승했다. 이러한 기후 변화 현상을 '지구 온난화'라고 한다. 현재 전 세계에 많은 문제를 일으키고 있는 지구 온난화는 국제 사회가 공동으로 **대응**해야 하는 문제가 되었다.

2문단 지구의 평균 기온이 높아져 빙하가 녹으면 그 물이 바다로 흘러들게 되고, 해수면이 높아진다. 그 결과 방글라데시와 같이 낮은 지대에 있는 나라들은 침수 피해를 입고, 몰디브나 투발루 같은 섬나라는 바닷물에 잠겨 지구 상에서 사라질 위기에 처했다. 세계 곳곳에서 사람들이 생존의 **위협**을 받고 있는 것이다.

3문단 지구 온난화는 기상 **이변**을 일으킨다. 지구의 평균 기온이 높아지면서 많은 양의 물이 증발하여 건조한 땅이 많아지고 물이 부족해진다. 빙하가 녹은 물은 바다로 흘러들어 바닷물의 **순환**을 방해한다. 그로 인해 태풍, 홍수, 가뭄, 폭설 같은 현상이 일어나 전 세계적으로 피해가 늘어나고 있다.

4문단 지구 온난화는 생태계 변화를 일으켜 우리 먹거리를 위협한다. 바닷물의 온도가 높아져 물고기들이 죽거나, 온도가 낮은 지역으로 옮겨 가는 등 해양 생태계에 변화가 일어난다. 지구 표면의 온도도 높아져 인류가 생존하기 위해 꼭 필요한 농작물의 재배 환경에 심각한 영향을 끼친다.

5문단 지구 온난화의 심각성을 깨닫고 이를 **방지**하기 위해 2015년 파리 협정에 대부분의 나라들이 참여하여 온실가스를 줄이자는 협약을 했다. 각 나라마다 목표를 정해 2022년부터 온실가스 배출을 줄이겠다고 약속한 것이다. 하지만 이 협약만으로 지구 온난화는 해결되지 않을 것이다. 국제 사회는 전 지구의 문제인 지구 온난화를 막기 위해 더 적극적으로 협력해야 할 것이다.

'온실 효과'는 무엇일까? 지구의 대기에는 수많은 기체들이 있는데 이 중 대기의 온도를 높이는 기체들을 온실가스라고 한다. 온실가스에는 이산화 탄소나 메탄 등이 있다. 온실가스는 지구의 열을 지구 밖으로 빠져나가지 못하도록 막아 대기의 온도를 높이는데, 이러한 현상이 온실과 같은 작용을 한다고 해서 이를 온실 효과라고 한다.

문단별 핵심 정리

핵심어를 넣어 각 문단의 중심 내용을 정리해 보자.

1문단 1 ☐☐ 온난화는 전 세계에 많은 문제를 일으킨다.

2문단 지구 온난화로 인해 2 ☐☐☐이 높아져 사람들의 생존을 위협한다.

3문단 지구 온난화는 3 ☐☐ 이변을 일으켜 전 세계적으로 피해가 발생한다.

4문단 지구 온난화는 4 ☐☐☐ 변화를 일으켜 우리 먹거리를 위협한다.

5문단 5 ☐☐ 사회는 지구 온난화를 막기 위해 적극적으로 협력해야 한다.

핵심 내용 구조화

핵심 내용을 구조화하여 정리해 보자.

지구 온난화

문제 상황	1 ☐☐☐☐ 배출량이 늘어나 지구 온난화 현상이 발생함.
근거	지구 온난화로 인해 발생하는 문제점들이 인류의 생존을 위협함. ① 해수면이 높아져 지대가 낮은 나라는 피해를 입고, 2 ☐☐☐는 사라질 위기에 처함. ② 기상 이변을 일으켜 전 세계적으로 피해가 발생함. ③ 생태계 변화를 일으켜 사람들의 3 ☐☐☐를 위협함.
주장	국제 사회는 지구 온난화를 막기 위해 적극적으로 협력해야 함.

주제 확인

빈칸에 알맞은 말을 써서 이 글의 주제를 완성해 보자.

☐☐ ☐☐☐는 여러 가지 문제를 일으켜 우리의 삶을 위협하므로 국제 사회는 지구 온난화를 막기 위해 적극적으로 협력해야 한다.

내용 확인

1 '지구 온난화'에 대한 설명으로 적절하지 <u>않은</u> 것은?

① 지구의 평균 기온이 높아지는 현상을 말한다.
② 해수면을 높아지게 해 인류의 생존을 위협한다.
③ 화석 연료를 많이 사용하는 국가에만 피해를 준다.
④ 태풍, 홍수, 가뭄, 폭설 등의 기상 이변을 일으킨다.
⑤ 생태계 변화를 일으켜 농작물이나 수산물에 영향을 준다.

내용 추론

2 이 글을 쓴 글쓴이의 의도로 적절한 것은?

① 온실가스 배출이 많은 국가를 비판하기 위해서
② 지구 온난화가 발생하는 원인을 설명하기 위해서
③ 온실가스 감소에 합의한 파리 협정의 내용을 평가하기 위해서
④ 대기 중에 온실가스가 많아져 나타나는 현상을 설명하기 위해서
⑤ 지구 온난화를 막기 위해 국제 사회의 협력이 필요함을 주장하기 위해서

내용 비판

3 이 글과 보기 를 읽은 후의 반응으로 적절하지 <u>않은</u> 것은?

보기

온실 효과를 일으키는 온실가스에는 대표적으로 이산화 탄소와 메탄이 있다. 이산화 탄소는 주로 일상생활에서 쓰는 상품을 만들거나, 화석 연료로 자동차를 운행할 때 배출된다. 이산화 탄소는 식물이나 흙, 바다에 흡수되지만, 흡수되지 못한 이산화 탄소는 지구의 대기에 쌓인다. 메탄은 가축 배설물, 음식물 쓰레기가 부패할 때 발생한다. 최근 지구 대기 중 메탄의 양은 기록적인 수준에 이르렀다고 한다.

① 이산화 탄소를 적게 발생시키며 생산한 상품을 사용해야겠어.
② 음식물 쓰레기를 줄이는 것도 지구 온난화 방지에 도움이 되겠어.
③ 숲은 이산화 탄소를 흡수해서 온실 효과를 줄이는 역할을 하겠어.
④ 메탄 발생을 줄이기 위해 석유 같은 화석 연료의 사용을 늘려야겠어.
⑤ 이산화 탄소와 메탄의 발생을 줄이면 지구의 평균 기온을 낮출 수 있겠어.

과학

03 대륙의 이동

어휘 체크

뜻을 알고 있는 어휘에 V표를 해 보세요.

- 해안선 □
- 대륙 □
- 거대 □
- 지각 □
- 충돌 □

1 한자로 어휘 알기

한자와 어휘의 뜻을 읽고, 빈칸에 알맞은 어휘를 써 보자.

바다 해 海 / 언덕 안 岸 / 줄 선 線

뜻 바다와 육지가 만나 길게 이루는 선.

예 기온이 높아져서 빙하가 녹으면 1 [ ][ ][ ]에 변화가 생긴다.

크다 대 大 / 육지 륙 陸

뜻 바다 위에 드러나 있는 넓고 커다란 땅덩어리.

예 남극 2 [ ][ ]은 대부분 두꺼운 얼음으로 뒤덮여 있다.

크다 거 巨 / 크다 대 大

뜻 엄청나게 큼.

예 공룡으로 보이는 3 [ ][ ]한 동물의 뼈가 발견되었다.

땅 지 地 / 껍질 각 殼

뜻 지구의 바깥쪽을 차지하는 부분.

예 제주도의 지형은 4 [ ][ ]의 변동으로 만들어졌다.

2 문장에서 어휘 알기

밑줄 친 어휘의 뜻으로 알맞은 것을 골라 보자.

- 자동차 충돌 사고가 일어나 많은 사람이 다쳤다.
- 동생과 생각이 달라서 의견 충돌이 자주 일어난다.

① 서로 맞부딪치거나 맞섬.
② 남의 흠이나 잘못을 진심으로 타이름.
③ 고장 나거나 허름한 데를 손보아 고침.

1문단 독일의 과학자 베게너는 수천 킬로미터나 떨어져 있는 아프리카 서해안과 남아메리카 동해안의 **해안선** 모습이 비슷하다는 사실을 깨달았다. 두 해안선 근처에서 발견되는 화석의 종류가 비슷하다는 사실도 알아냈다. 그 외에 산맥 분포, 빙하 이동 흔적 등의 증거를 바탕으로 베게너는 과거에는 **대륙**이 하나로 붙어 있었다고 생각했다. 그리고 이 하나의 **거대**한 대륙을 '판게아'라고 부르고, 판게아가 오랜 시간에 걸쳐 갈라지고 이동하여 현재의 모습이 된 것이라고 주장했다. 베게너의 이 주장을 '대륙 이동설'이라고 한다.

2문단 베게너의 대륙 이동설이 등장한 이후, 과학자들은 연구를 통해 지구의 겉 부분은 크고 작은 여러 개의 판으로 나뉘어 있다는 사실을 알아냈다. '판'은 해양 **지각**과 대륙 ㉠지각, 맨틀의 윗부분을 포함하는 단단한 암석층이다. 맨틀은 고체이지만 지각과 달리 움직일 수 있어서, 맨틀의 움직임에 따라 판도 함께 이동하게 되는 것이다. 이 이론을 '판 구조론'이라고 한다.

판의 구조

3문단 그렇다면 대륙은 어떻게 이동할까? 판이 이동할 때는 대륙도 함께 이동한다. 판은 일 년에 대략 수 센티미터 정도로 느리게 이동하여, 하나였던 대륙이 지금처럼 여러 대륙으로 쪼개지기까지는 2억 년이 넘게 걸렸다고 한다. 그리고 판이 이동하면서 지각이 지구 내부로 끌려 들어가 사라지기도 하고, 새롭게 생겨나기도 한다. 또한 판들이 움직이면서 **충돌**하거나 멀어지고 서로 어긋나는 부분인 판의 경계에서는 지진이나 화산 폭발과 같은 현상이 일어나기도 한다.

4문단 지금 이 순간에도 판은 계속 움직이며 대륙과 해양의 모양을 바꾸고 있다. 현재와 같이 판이 계속 이동한다면, 미래의 지구의 모습은 현재와 달라질 것이다. 지질학자들은 약 5천만 년 후에는 아프리카와 유라시아 대륙이 합쳐져 하나의 대륙이 되고, 유럽의 지중해는 거대한 산맥이 될 것이라고 예상하고 있다.

'유라시아'는 무엇일까? 우랄 산맥과 캅카스 산맥 등으로 나누어져 있는 유럽과 아시아를 하나의 대륙으로 보고 묶어서 부르는 이름이다. 유라시아 대륙은 전 세계 육지의 40 퍼센트를 차지한다.

문단별 핵심 정리

핵심어를 넣어 각 문단의 중심 내용을 정리해 보자.

1문단 베게너는 하나였던 대륙이 갈라지고 이동했다는 대륙 1 ☐☐☐을 주장했다.

2문단 지구의 겉 부분은 여러 개의 2 ☐으로 이루어져 있으며 판들이 이동한다는 판 구조론이 나왔다.

3문단 판이 3 ☐☐하면서 대륙이 이동하고, 지각이 없어지거나 생겨나기도 하고, 판의 경계에서 지진이나 화산 폭발 등이 일어나기도 한다.

4문단 판이 계속 움직이기 때문에 4 ☐☐의 지구의 모습은 현재와 다를 것이다.

핵심 내용 구조화

핵심 내용을 구조화하여 정리해 보자.

움직이는 대륙

대륙 이동설	1 ☐☐☐는 하나의 거대한 대륙이 오랜 시간에 걸쳐 갈라지고 이동하여 현재의 모습이 되었다고 주장함.	
2 ☐☐☐☐	판의 정의	해양 지각, 대륙 지각, 3 ☐☐의 윗부분을 포함하는 암석층임.
	판의 이동	맨틀의 움직임에 따라 판이 이동하고, 판의 이동에 따라 대륙이 이동함.

주제 확인

빈칸에 알맞은 말을 써서 이 글의 주제를 완성해 보자.

지구 표면의 판들이 이동하며 ☐☐도 함께 이동하므로 미래의 지구의 모습은 현재와 다를 것이다.

내용 확인

1 이 글에서 알 수 있는 내용이 아닌 것은?

① 판의 구조
② 대륙이 이동하는 이유
③ 매년 판이 이동하는 정도
④ 판게아가 형성되는 데 걸린 시간
⑤ 판의 경계에서 발생하는 자연 현상들

내용 추론

2 이 글을 바탕으로 추측한 내용으로 적절한 것은?

① 판과 대륙은 반대 방향으로 이동할 것이다.
② 판이 이동하는 속도는 점차 느려질 것이다.
③ 아프리카와 남아메리카 대륙은 과거에 붙어 있었을 것이다.
④ 5천만 년 후에 아프리카와 유라시아 대륙은 더 멀어질 것이다.
⑤ 2억여 년 전에는 대륙과 대륙 사이를 배를 타고 이동했을 것이다.

어휘 이해

3 밑줄 친 어휘 중에서 ㉠'지각'과 뜻이 같은 것은?

① 내 동생은 늦잠을 자느라 지각을 자주 한다.
② 큰 지진이 발생해 지각에 심각한 변화가 생겼다.
③ 그는 시간을 지키고 지각을 하지 않는 성실한 사람이다.
④ 시간이 흘러 지각이 들었을 때 그 일을 떠올리니 후회가 되었다.
⑤ 아이들은 어른에 비해 사물에 대한 판단과 지각 능력이 부족하다.

기술

04 공기 청정기의 작동 원리

어휘 체크

뜻을 알고 있는 어휘에 V표를 해 보세요.

- 섭취 □
- 미세 □
- 제거 □
- 주기적 □
- 작동 □

1 한자로 어휘 알기

한자와 어휘의 뜻을 읽고, 빈칸에 알맞은 어휘를 써 보자.

다스리다 섭 攝
가지다 취 取

뜻 영양분을 몸속으로 빨아들임.
예 음식을 골고루 1 [ ][ ] 해야 건강에 좋다.

작다 미 微
가늘다 세 細

뜻 알아보기 어려울 정도로 매우 가늘고 작음.
예 2 [ ][ ] 먼지를 줄이기 위해 자전거를 타고 다닌다.

없애다 제 除
버리다 거 去

뜻 어떤 것을 없애 버림.
예 농부가 밭에 난 잡초를 3 [ ][ ] 했다.

돌다 주 週
약속하다 기 期
~하는 것 적 的

뜻 일정한 사이를 두고 같은 특성이나 현상이 되풀이되는 것.
예 우리 가족은 4 [ ][ ][ ] 으로 시골에 있는 할아버지 댁에 찾아간다.

2 문장에서 어휘 알기

밑줄 친 어휘의 뜻으로 알맞은 것을 골라 보자.

- 화살표 버튼을 누르자 엘리베이터가 <u>작동</u>했다.
- 한겨울에 보일러가 <u>작동</u>하지 않아 집이 너무 추웠다.

① 기계 따위가 움직임.
② 서류, 원고 따위를 만듦.
③ 크게 느끼어 마음이 움직임.

1문단 사람이 하루에 **섭취**하는 물질 중 80 퍼센트는 공기이다. 그런데 공기 중에는 세균, 바이러스, 곰팡이, **미세** 먼지, 악취를 풍기는 냄새 성분 등 건강을 해치는 오염 물질이 섞여 있다. 최근 미세 먼지 문제가 심각해지면서 가정, 학교, 회사 등 실내에서 공기 청정기를 사용하는 경우가 크게 늘었다. 공기 청정기는 공기 속의 오염 물질을 걸러 내어 공기를 깨끗하게 하는 장치이다. 공기 청정기가 공기를 정화하는 방법에는 크게 ㉠필터 방식과 ㉡이온화 방식이 있다.

2문단 필터 방식은 필터를 사용하여 공기 중에 있는 오염 물질을 걸러 내는 방식이다. 필터는 액체나 기체 속의 다른 물질을 걸러 내는 장치이다. 이 방식을 사용하는 공기 청정기에 오염 물질이 포함된 공기가 들어가면, 오염 물질은 필터를 통과하지 못하고 필터 표면에 달라붙고 깨끗한 공기만 밖으로 나오게 된다. 이 방식은 꽃가루나 동물의 털을 잘 **제거**하기 때문에 호흡기 또는 알레르기 질환을 가진 사람에게 효과적이다. 다만 필터에 오염 물질이 붙어 있기 때문에 필터 교체나 청소 등 **주기적**인 관리가 필요하다.

3문단 필터 방식 공기 청정기에는 헤파 필터가 많이 사용된다. 헤파 필터는 아주 가느다란 섬유를 미세한 간격으로 촘촘하게 조직하여 만든 필터이다. 헤파 필터는 처음에 미국에서 방사성 먼지를 제거하기 위해 개발되었다고 한다. 오염 물질을 거르는 성능이 뛰어나 공기 청정기뿐만 아니라 에어컨, 청소기 등에도 쓰이고 있다.

4문단 이온화 방식은 오염 물질이 음전기(−)를 띠게 해 오염 물질을 걸러 내는 방식이다. 공기 청정기를 **작동**하면 강한 전기가 흐르면서 주변에 음이온이 만들어진다. 이때 공기 중에 있던 오염 물질은 음이온과 결합해 음전기(−)를 띠게 된다. 음전기(−)와 양전기(+)는 서로 결합하려는 성질이 있기 때문에 음전기(−)를 띤 오염 물질은 양전기(+)를 띠는 판으로 모여 제거된다. 이 방식은 악취를 제거하고 세균을 없애는 데 효과적이고, 전기료 외에는 비용이 들지 않아 경제적이다. 그러나 작동 중에 오존이라는 기체가 발생한다는 문제가 있다. 공기 중에 오존의 양이 많아지면 인체에 좋지 않은 영향을 줄 수 있다.

문단별 핵심 정리

핵심어를 넣어 각 문단의 중심 내용을 정리해 보자.

1문단 공기 청정기는 1 □□ 속의 오염 물질을 걸러 내어 공기를 깨끗하게 하는 장치이다.

2문단 필터 방식은 필터를 사용하여 2 □□ 물질을 걸러 내는 방식이다.

3문단 필터 방식 공기 청정기에는 성능이 뛰어난 3 □□ 필터가 많이 사용된다.

4문단 4 □□□ 방식은 오염 물질이 음전기(–)를 띠게 해 오염 물질을 걸러 내는 방식이다.

핵심 내용 구조화

핵심 내용을 구조화하여 정리해 보자.

공기 청정기의 공기 정화 방식

	1 □□ 방식	이온화 방식
원리	오염 물질이 필터 표면에 달라붙음.	음전기(–)를 띤 오염 물질이 양전기(+)를 띠고 있는 판에 모임.
장점	꽃가루, 동물의 털을 잘 제거함.	• 악취를 제거하고 세균을 없앰. • 전기료 외에 추가 비용이 들지 않음.
주의할 점	필터 교체나 청소 등 주기적인 관리가 필요함.	2 □□이 발생하여 인체에 안 좋은 영향을 줄 수 있음.

주제 확인

빈칸에 알맞은 말을 써서 이 글의 주제를 완성해 보자.

공기 청정기는 크게 필터 방식과 이온화 방식을 사용하여 공기를 □□한다.

내용 확인

1 **이 글의 내용과 일치하지 않는 것은?**

① 사람들이 섭취하는 공기에는 오염 물질이 섞여 있다.
② 헤파 필터는 아주 가느다란 섬유를 촘촘히 조직하였다.
③ 이온화 방식은 필터 방식보다 꽃가루나 동물의 털을 잘 제거한다.
④ 이온화 방식 공기 청정기는 인체에 해가 되는 물질을 발생시킨다.
⑤ 필터 방식 공기 청정기에서는 공기에 있는 오염 물질이 필터에 의해 걸러진다.

내용 확인

2 **㉠'필터 방식'과 ㉡'이온화 방식'에 대한 설명으로 적절하지 않은 것은?**

① ㉠: 주기적으로 필터를 교체하거나 청소해야 한다.
② ㉠: 호흡기 질환을 가진 사람에게 도움이 된다.
③ ㉡: 공기 중의 악취를 제거하기는 어렵다.
④ ㉡: 전기료 외의 추가 비용이 들지 않아 경제적이다.
⑤ ㉡: 강한 전기로 오염 물질이 음전기(−)를 띠게 만든다.

내용 추론

3 **4문단 에 추가할 수 있는 내용으로 적절한 것은?**

① 공기에 오염 물질이 섞이게 되는 원인
② 최근에 개발된 공기 청정기의 새로운 작동 원리
③ 음전기(−)와 양전기(+)가 서로 결합하지 않는 이유
④ 오존이 인체에 미치는 안 좋은 영향의 구체적 예시
⑤ 미세 먼지를 줄이기 위해 우리가 실천할 수 있는 방법

예술

05 대중과 가까운 팝 아트

어휘 체크

뜻을 알고 있는 어휘에 V표를 해 보세요.

- 대중 □
- 변형 □
- 대량 □
- 편견 □
- 반영 □

1 한자로 어휘 알기

한자와 어휘의 뜻을 읽고, 빈칸에 알맞은 어휘를 써 보자.

크다 대 大 / 무리 중 衆

뜻 사회를 구성하는 대다수의 사람.

예 그 배우는 연기를 잘해서 1 [ ][ ]의 인기를 얻었다.

변하다 변 變 / 모양 형 形

뜻 모양이나 형식이 달라짐.

예 최근 유전자 2 [ ][ ] 식품이 많이 개발되고 있다.

크다 대 大 / 헤아리다 량 量

뜻 아주 많은 분량이나 수량.

예 공장에서 쌀을 3 [ ][ ]으로 구매했다.

돌이키다 반 反 / 비추다 영 映

뜻 무엇의 내용이나 특성을 다른 데에 그대로 나타내는 것.

예 이 소설에는 일제 강점기의 분위기가 잘 4 [ ][ ]되어 있다.

2 문장에서 어휘 알기

밑줄 친 어휘의 뜻으로 알맞은 것을 골라 보자.

- 우리는 다른 사람에 대한 편견에서 벗어나기 위해 노력해야 한다.
- '살색'은 인종에 대한 편견이 담긴 말이므로 사용하지 말아야 한다.

① 사실이 아닌 것을 사실인 것처럼 꾸며 대는 것.
② 공정하지 못하고 한쪽으로 치우쳐 생각하는 것.
③ 자기의 의견을 바꾸거나 고치지 않고 굳게 버티는 것.

1문단 '팝 아트(Pop Art)'는 **대중** 예술[Popular Art]을 줄인 말로, 대중적 미술을 뜻한다. 팝 아트는 1960년대 추상 표현주의가 유행하던 미국에서 시작되었다. 추상 표현주의 작가들은 실제 존재하는 것을 그리기보다는 자신의 감정과 자유로움을 표현했다. 구체적인 형태를 그리지 않고 물감을 캔버스에 떨어뜨리거나 흩뿌리는 등의 방법을 활용했기 때문에 사람들은 작가가 무엇을 표현한 것인지 이해하기 어려웠다. 이렇게 대중에게 다가가기 어려운 추상 표현주의에 반대하여 팝 아트가 등장하게 되었다.

2문단 팝 아트의 특징은 팝 아트 작가들이 생활 속에서 쉽게 접할 수 있는 대중문화에서 작품의 소재를 찾았다는 것이다. 팝 아트는 광고, 만화, 인기 상품, 유명 연예인 등 ㉠친숙한 소재들을 사용했다. 평범하고 ㉡익숙한 소재들을 **변형**하거나 다른 것과 합치거나 재창조하는 방식으로 새로운 작품을 만들어 냈기 때문에 사람들에게 편안하면서도 새로운 느낌을 줄 수 있었다. 이러한 팝 아트의 표현 방법은 크게 세 가지로 나눌 수 있다. 실크 스크린이라는 판화 기법을 이용해 그림을 찍어 내는 방법, 만화의 장면을 확대해서 그리는 방법, 일상용품을 확대하여 거리에 설치하는 방법이다.

3문단 팝 아트의 대표 작가로는 앤디 워홀과 로이 리히텐슈타인이 있다. 앤디 워홀은 미술이 오락적인 상품과 다름없다고 생각하여 작품을 **대량**으로 생산하기도 했다. 그는 슈퍼마켓이나 대중 잡지에서 작품의 소재를 찾았으며, 유명 연예인인 '메릴린 먼로', '마이클 잭슨'도 소재로 활용했다. 그는 20세기의 가장 영향력 있는 미술가 가운데 하나로 꼽힌다. 로이 리히텐슈타인은 예술은 우리 주위에 있다고 생각했다. 그는 당시 예술로 받아들여지지 않던 만화의 장면을 광고 게시판 크기로 확대하여 표현하여 예술은 어렵다는 **편견**을 무너뜨렸다고 평가받는다.

4문단 이전에 주류를 이루었던 순수 예술은 소수의 사람만 즐길 수 있는 어려운 예술이었다. 그러나 팝 아트는 대중이 쉽게 이해할 수 있고 편하게 즐길 수 있는 예술이어서 큰 인기를 끌었다. 팝 아트는 순수 예술과 대중 예술의 경계를 허물고, 일상적인 소재를 활용하여 당시의 현실을 미술에 적극적으로 **반영**했다는 점에서 의의가 있다.

'추상 표현주의'는 무엇일까? 제이 차 세계 대전 이후 미국에서 일어난 추상 미술이다. 추상 표현주의의 대표적인 표현 방식은 물감을 떨어뜨리거나 흩뿌리는 액션 페인팅이다. 대표 작가로는 마크 로스코, 요제프 알베르스, 잭슨 폴록 등이 있다.

독해 핵심 체크

문단별 핵심 정리

핵심어를 넣어 각 문단의 중심 내용을 정리해 보자.

1문단 팝 아트는 추상 표현주의에 반대하여 시작된 ① □□□ 미술이다.

2문단 팝 아트는 대중문화에서 ② □□를 찾아 사람들이 편하게 다가갈 수 있었다.

3문단 팝 아트의 대표 작가로는 ③ □□ □□과 로이 리히텐슈타인이 있다.

4문단 팝 아트는 ④ □□ 예술과 대중 예술의 경계를 허물었다.

핵심 내용 구조화

핵심 내용을 구조화하여 정리해 보자.

팝 아트

등장 배경		어려운 추상 표현주의에 ① □□하여 대중적 미술인 팝 아트가 시작됨.
특징	소재	대중문화 속 친숙한 소재를 활용함.
	표현 방법	실크 스크린, 만화 장면 확대, 일상용품 확대 등을 활용함.
	대표 작가	• 앤디 워홀: 슈퍼마켓, 대중 잡지, 연예인에서 소재를 찾음. • 로이 리히텐슈타인: 만화의 장면을 확대하여 표현함.
의의		순수 예술과 대중 예술의 경계를 허물고 ② □□을 미술에 적극적으로 반영함.

주제 확인

빈칸에 알맞은 말을 써서 이 글의 주제를 완성해 보자.

대중문화에서 소재를 찾은 팝 아트는 순수 예술과 대중 예술의 □□를 허물고 현실을 미술에 적극적으로 반영했다는 평가를 받는다.

내용 확인

1 '팝 아트'에 대한 설명으로 적절하지 않은 것은?

① 대중적 미술을 뜻한다.
② 작품을 대량으로 생산하기도 한다.
③ 생활 속에서 접할 수 있는 것들을 소재로 삼는다.
④ 만화의 장면이나 일상용품 등을 확대해서 나타내기도 한다.
⑤ 구체적인 형상을 그리지 않고 작가의 감정과 자유로움을 표현한다.

내용 추론

2 다음은 '앤디 워홀'과의 가상 인터뷰이다. 그 내용으로 적절하지 않은 것은?

> 기자: 사람들이 팝 아트 작품에 열광하는 이유가 무엇이라고 생각하시나요?
> 앤디 워홀: 저는 '캠벨 수프 통조림' 이미지를 판화로 찍으며 대량 생산했습니다. ①이처럼 사람들은 팝 아트 작품에서 자신이 주변에서 흔하게 봤던 것들을 찾을 수 있습니다. ②익숙한 것을 새롭게 재창조했다는 점에서 사람들이 흥미를 느낀다고 생각합니다.
> 기자: 예술에 대해 어떤 생각을 가지고 있으신지 궁금합니다.
> 앤디 워홀: ③예술 작품은 오락적인 상품과 같습니다. ④유명 연예인들도 충분히 그림의 소재가 될 수 있습니다. ⑤그래서 예술은 작품을 이해할 만한 높은 수준의 지성을 갖춘 사람들만의 것이라고 생각해요.

어휘 이해

3 두 어휘의 의미 관계가 ㉠'친숙하다' : ㉡'익숙하다'의 관계와 비슷한 것은?

① 실재 : 가상　② 반대 : 찬성　③ 간섭 : 참견
④ 소수 : 다수　⑤ 적극적 : 소극적

어휘로 마무리 1주차

어휘 review

배운 어휘를 떠올리며 뜻을 아는 어휘에 V표를 해 보자.

01 학습 어휘

- □ 작물 □ 재배
- □ 전래 □ 원산지
- □ 확산

02 학습 어휘

- □ 대응 □ 위협
- □ 이변 □ 순환
- □ 방지

03 학습 어휘

- □ 해안선 □ 대륙
- □ 거대 □ 지각
- □ 충돌

04 학습 어휘

- □ 섭취 □ 미세
- □ 제거 □ 주기적
- □ 작동

05 학습 어휘

- □ 대중 □ 변형
- □ 대량 □ 편견
- □ 반영

문제로 어휘 확인하기

1 다음 뜻을 참고하여 알맞은 어휘를 쓰시오.

1 여름철에는 물을 많이 [ㅅ][ㅊ]해야 한다. ( )
영양분을 몸속으로 빨아들임.

2 우리나라는 아시아 [ㄷ][ㄹ]에 위치하고 있다. ( )
바다 위에 드러나 있는 넓고 커다란 땅덩어리.

3 태풍 때문에 [ㄱ][ㄷ]한 배들이 서로 [ㅊ][ㄷ]했다.
거대하게 큼. 서로 맞부딪치거나 맞섬.
(,)

4 목화는 중국에서 [ㅈ][ㄹ]되어 전국으로 [ㅎ][ㅅ]되었다.
외국에서 전하여 들어옴. 흩어져 널리 퍼짐.
(,)

5 산불을 [ㅂ][ㅈ]하려면 발생 원인을 미리 [ㅈ][ㄱ]해야 한다.
어떤 일이나 현상이 일어나지 못하게 막음. 어떤 것을 없애 버림.
(,)

2 다음 뜻을 보고 보기에서 알맞은 어휘를 찾아 쓰시오.

보기: 재배 작물 대량 순환 반영 원산지 주기적

1 식물을 심어 가꿈. ( )

2 아주 많은 분량이나 수량. ( )

3 동식물이 맨 처음 자라난 곳. ( )

4 논밭에 심어 가꾸는 곡식이나 채소. ( )

5 주기적으로 자꾸 되풀이하여 돎. 또는 그런 과정. ( )

6 무엇의 내용이나 특성을 다른 데에 그대로 나타내는 것. ( )

7 일정한 사이를 두고 같은 특성이나 현상이 되풀이되는 것. ( )

3 빈칸에 들어갈 알맞은 어휘를 찾아 선으로 이으시오.

1	자동차의 엔진이 [ ] 되지 않아 차가 멈췄다.	위협
2	현미경으로 [ ] 한 물체를 확대하여 관찰하였다.	대응
3	어미 코끼리가 새끼를 [ ] 하는 호랑이를 공격했다.	미세
4	발레리나의 발은 반복된 연습 때문에 그 모양이 [ ] 되었다.	작동
5	아이들에게 재난 상황에 [ ] 할 수 있는 방법을 알려 주었다.	변형

4 다음 문장 중 밑줄 친 어휘가 잘못 쓰인 것은?

① 이변이 없다면 작년 우승 팀이 이길 것이다.
② 그의 세심한 편견에 따뜻한 인간미를 느꼈다.
③ 동해안은 해안선이 단조롭고 모래사장이 많다.
④ 그 정치인은 대중의 마음을 사로잡는 연설을 했다.
⑤ 제주도의 아름다운 지형들은 대부분 지각의 변동으로 생겨났다.

2주차

주간 학습 계획표

영역

06 인문

07 사회

08 과학

09 기술

10 예술

배울 내용	독해 난도	학습 날짜	학습 확인
중등 교과 제재 언어의 본질인 자의성, 사회성, 역사성, 창조성에 대해 설명하는 글입니다.	초4 초5 초6	월 일	☐
중등 교과 제재 기업의 사회적 책임에 대해 설명하고 기업이 사회적 책임을 다해야 한다고 주장하는 글입니다.	초4 초5 초6	월 일	☐
중등 교과 제재 백신의 뜻과 원리, 백신의 예방과 치료 기능을 설명하는 글입니다.	초4 초5 초6	월 일	☐
바코드에서 발전된 QR코드의 특징을 바코드의 특징과 대조하며 설명하는 글입니다.	초4 초5 초6	월 일	☐
중등 교과 제재 수원 화성 건축에 사용된 건축 기술과 수원 화성이 지닌 가치를 설명하는 글입니다.	초4 초5 초6	월 일	☐

매일 공부를 마치면, 학습 확인 칸에 ○표를 하세요.

인문

06 언어의 본질

어휘 체크

뜻을 알고 있는 어휘에 V표를 해 보세요.

- 결합 □
- 유사 □
- 필연적 □
- 의사소통 □
- 무한 □

1 한자로 어휘 알기

한자와 어휘의 뜻을 읽고, 빈칸에 알맞은 어휘를 써 보자.

모으다 결 結
합하다 합 合

뜻 여럿이 합쳐져 하나가 됨.

예 한글은 자음과 모음이 1 [ ][ ] 하여 글자를 만든다.

무리 유 類
같다 사 似

뜻 서로 비슷함.

예 두 사람은 형제처럼 외모가 2 [ ][ ] 하다.

반드시 필 必
그러하다 연 然
~하는 것 적 的

뜻 반드시 그렇게 될 수밖에 없는 것.

예 갯벌의 오염과 조개의 수는 3 [ ][ ][ ] 관계를 맺는다.

뜻 의 意
생각 사 思
트이다 소 疏
통하다 통 通

뜻 가지고 있는 생각이나 뜻이 서로 통함.

예 나는 그 나라의 언어를 몰라 몸짓으로 4 [ ][ ][ ][ ] 하였다.

2 문장에서 어휘 알기

밑줄 친 어휘의 뜻으로 알맞은 것을 골라 보자.

- 어린이는 누구나 무한한 가능성을 지니고 있다.
- 과학자들이 알아낸 바로는, 우주의 크기는 거의 무한하다.

① 보람이나 효과가 없음.
② 사물의 순서나 차례가 없음.
③ 수량, 정도, 크기에 한계가 없음.

1문단 사람은 다른 사람에게 생각이나 느낌을 표현하거나 정보를 전달하기 위해 언어를 사용한다. 언어는 전달하려는 뜻과 그 뜻을 표현하는 말소리가 **결합**하여 이루어진다. 전 세계에서 사용되는 언어는 수천 가지로 다양하지만, 모든 언어는 공통적으로 **유사**한 특성을 지닌다. 언어가 본디부터 지니는 성질로는 자의성, 사회성, 역사성, 창조성이 있다.

2문단 우리는 '식물의 가지나 줄기 끝에 예쁜 색깔과 모양으로 피는 부분'을 '꽃[꼳]'이라고 부르고, 영어로는 'flower[flaʊə(r)]'라고 부른다. 이렇듯 같은 대상이라도 각 언어마다 표현하는 말소리가 다르다. 어떤 말소리와 뜻이 반드시 그렇게 연결되어야 한다는 법칙은 없다. 말소리와 뜻이 **필연적**으로 연결되지 않고 마음대로 연결되는 특성을 언어의 자의성이라고 한다.

3문단 어떤 사람이 '꽃'을 '밥'이라고 부른다고 하자. 꽃을 사겠다는 뜻을 전달하기 위해 "밥 주세요."라고 말하면 상대방은 이해하지 못할 것이다. '꽃'을 '꽃'이라고 부르는 것은 같은 언어를 사용하는 사람들 사이에 정해진 약속이다. 이미 사회적 약속으로 굳어진 말을 개인이 마음대로 다른 말로 바꾸어 사용하면 **의사소통**에 혼란이 생길 것이다. 이렇게 사회적 약속으로 굳어진 말을 개인이 마음대로 바꿀 수 없는 특성을 언어의 사회성이라고 한다.

4문단 '꽃'을 조선 시대에는 '곶'이라고 불렀다. 시간이 흐르면서 '곶'이 '꽃'으로 변한 것이다. 이처럼 사회적 약속으로 굳어져 사용되던 말들도 시간이 지나면서 소리나 뜻이 변한다. '메타버스', '스마트폰'과 같이 새로운 개념이나 사물이 생기면 그것을 부르는 말이 만들어지기도 한다. 이렇게 시간의 흐름에 따라 언어가 변화하는 특성을 언어의 역사성이라고 한다.

5문단 앞에서 살펴보았듯이 사람들은 새로운 물건이나 개념이 생기면 그에 맞는 새로운 말을 만들어 낸다. 뿐만 아니라 이미 알고 있는 단어와 문장을 사용해서 상황에 맞는 새로운 단어나 문장을 **무한**하게 만들기도 한다. 예를 들어 '안녕'이라는 말을 배운 아이는 '안녕하세요.', '안녕히 주무세요.' 등 새로운 문장을 끊임없이 만들어 낸다. 이처럼 언어를 사용하여 새로운 단어, 문장 등을 끊임없이 만들어 낼 수 있는 특성을 언어의 창조성이라고 한다. 자의성, 사회성, 역사성, 창조성이라는 언어의 본질을 이해하고 우리가 사용하는 언어를 살펴본다면 언어의 새로운 모습을 깨달을 수 있다.

문단별 핵심 정리

핵심어를 넣어 각 문단의 중심 내용을 정리해 보자.

1문단 언어는 ① □□□ 와 뜻이 결합하여 이루어진다.

2문단 말소리와 뜻 사이에 필연적 관계가 없는 특성은 언어의 ② □□□ 이다.

3문단 사회적 ③ □□ 으로 굳어진 말을 개인이 마음대로 바꿀 수 없는 특성은 언어의 사회성이다.

4문단 ④ □□ 의 흐름에 따라 언어가 변화하는 특성은 언어의 역사성이다.

5문단 새로운 단어나 문장을 무한히 만들 수 있는 특성은 언어의 ⑤ □□□ 이다.

핵심 내용 구조화

핵심 내용을 구조화하여 정리해 보자.

언어의 본질	
자의성	언어의 뜻과 말소리의 결합에는 필연적인 관계가 없음. 예 우리가 '꽃'이라고 부르는 대상을 영어로 'flower'라고 부름.
① □□□	언어는 같은 언어를 쓰는 사람들 사이에 정해진 사회적 약속임. 예 '꽃'이라고 부르기로 약속한 대상을 개인이 '밥'이라고 바꿀 수 없음.
② □□□	사회적 약속으로 굳어진 말들도 시간의 흐름에 따라 변화함. 예 조선 시대에 '곶'이라고 부르던 말이 현대의 '꽃'으로 변함.
창조성	새로운 단어와 문장을 무한하게 만들 수 있음. 예 '안녕'이라는 말에서 '안녕하세요.', '안녕히 주무세요.' 등의 문장을 만들어 냄.

주제 확인

빈칸에 알맞은 말을 써서 이 글의 주제를 완성해 보자.

언어의 □□ 인 자의성, 사회성, 역사성, 창조성에 대한 이해

내용 확인

1 언어에 대한 설명으로 적절하지 않은 것은?

① 언어는 뜻과 말소리가 결합하여 이루어진다.
② 새로운 대상이 생기면 새로운 말이 만들어진다.
③ 같은 언어라도 사용하는 사람에 따라 그 뜻이 변한다.
④ 이미 알고 있는 단어로 새로운 문장을 무한히 만들 수 있다.
⑤ 사람들은 언어로 생각이나 느낌을 표현하고 정보를 전달한다.

내용 추론

2 A와 B에서 알 수 있는 언어의 본질이 바르게 연결된 것은?

A. '즈믄'은 숫자 '천'의 옛말인데 오늘날에는 사용되지 않는다.
B. 우리말로 '하늘[하늘]'이라고 부르는 대상을 중국어로 '天[티엔]'이라고 부른다.

	A	B
①	역사성	자의성
②	역사성	창조성
③	창조성	역사성
④	창조성	사회성
⑤	사회성	역사성

내용 비판

3 보기를 읽은 후, '민지'에게 해 줄 말로 가장 적절한 것은?

민지: 연필을 사게 '잼'을 주세요.
엄마: 연필을 사는데 왜 먹는 '잼'이 필요하니?
민지: 저는 '돈'을 '잼'이라고 바꿔 말하기로 했어요.
엄마: 네 마음대로 말을 바꿔서 쓰면 어떡해? 다른 사람들이 못 알아듣잖니.

① 하나의 말소리에는 하나의 뜻만 결합해서 써야 해.
② 말소리와 뜻 사이에는 필연적 관계가 없으므로 개인이 바꿀 수 있어.
③ 시간이 흐르면서 사라지거나 변할 수 있는 언어의 본질을 알아야 해.
④ 같은 뜻을 지닌 대상이라도 나라마다 말소리가 다르다는 것을 기억해야 해.
⑤ 언어를 쓰는 사람들 사이의 사회적 약속을 무시하면 의사소통에 문제가 생겨.

사회

07 기업의 사회적 책임

✔ 어휘 체크

뜻을 알고 있는 어휘에 V표를 해 보세요.

- 추구 ☐
- 다하다 ☐
- 경영 ☐
- 무분별 ☐
- 신뢰 ☐

1 한자로 어휘 알기

한자와 어휘의 뜻을 읽고, 빈칸에 알맞은 어휘를 써 보자.

쫓다 추 追 / 구하다 구 求
뜻 목적을 이룰 때까지 뒤쫓아 구함.
예 그들은 1 ☐☐ 하던 꿈을 이뤄 기뻐하였다.

다스리다 경 經 / 경영하다 영 營
뜻 기업이나 사업 따위를 관리하고 운영함.
예 그 기업가는 2 ☐☐ 능력이 뛰어난 것으로 유명하다.

없다 무 無 / 나누다 분 分 / 다르다 별 別
뜻 일의 이치에 맞게 판단하는 능력이 없음.
예 그녀는 3 ☐☐☐ 하게 돈을 쓰는 습관 때문에 저축을 할 수 없었다.

믿다 신 信 / 힘입다 뢰 賴
뜻 굳게 믿고 의지함.
예 그는 모든 국민에게 4 ☐☐ 를 받는 대통령이다.

2 문장에서 어휘 알기

밑줄 친 어휘의 뜻으로 알맞은 것을 골라 보자.

- 아들과 딸은 정성을 <u>다해</u> 부모님을 모셨다.
- 선수들은 마지막 순간까지 경기에 최선을 <u>다했다</u>.

① 어떤 일이나 과정, 절차 따위가 끝나다.
② 어떤 일을 위하여 힘, 마음 따위를 모두 들이다.
③ 어떤 대상이 있는 쪽으로 더 가까이 옮기어 서다.

1문단 기업은 물건과 서비스를 생산하여 판매하고, 이윤을 얻어 성장한다. 기업은 기업 혼자만의 힘이 아니라 근로자, 소비자, 지역 사회 등과 관계를 맺으며 성장하고, 그 과정에서 사회와 국가 경제에 큰 영향을 미친다. 기업의 본래 목적은 이윤 **추구**이다. 그러나 기업의 성장 과정과 사회적 영향력을 생각한다면 기업은 사회적 책임도 **다해야** 한다.

2문단 기업의 사회적 책임에는 먼저 기업을 효율적으로 **경영**하고 유지할 책임을 들 수 있다. 한 기업이 망하면 그 기업의 직원들과 관련 기업들은 물론이고, 지역 사회와 국가 경제도 어려움에 처할 수 있기 때문이다. 다음으로 기업은 경제 활동과 관련된 법률을 지키고 공정하게 경쟁할 책임이 있다. 기업이 이윤만 추구하며 법을 지키지 않는다면 **무분별**한 자원 개발과 환경 파괴 등의 문제가 발생할 수 있기 때문이다. 또 기업은 정직한 제품을 생산할 책임이 있다. 정직하지 않은 제품은 그것을 사용하는 소비자에게 큰 피해를 줄 수 있기 때문이다. 마지막으로 기업은 이익의 일부를 사회에 돌려주어야 할 책임이 있다. 기업은 교통, 통신, 토지 등 지역 사회의 자원을 직접적·간접적으로 사용하므로 그에 대한 책임을 져야 한다.

3문단 사회의 기대에 응하며 사회적 책임을 다할 때, 기업은 소비자의 **신뢰**를 얻을 수 있다. 최근 소비자들은 사회적 책임을 다하기 위해 노력하는 기업의 제품을 선택하는 경향이 있다. 이렇게 소비자의 신뢰는 제품 판매량 증가로 이어지고, 기업의 이윤 증가와 성장에도 좋은 영향을 미친다. 예를 들어, A기업은 나무를 심고 숲을 가꾸는 사업을 지속하며 친환경 기업이라는 이미지를 쌓았고 이에 따라 제품 판매량이 늘어나는 효과를 얻었다.

4문단 기업의 이익을 사회와 나누면 그만큼 기업의 이익이 줄어들 것이라고 생각할 수도 있다. 그러나 장기적으로 보면 소비자의 신뢰를 얻은 기업은 더 큰 혜택을 얻을 수 있다. 또한 기업이 사회적 책임을 다하면 교육, 문화, 복지 등 사회 전체에도 긍정적인 영향을 미칠 수 있다. 따라서 기업들은 다양한 분야에서 사회적 책임을 다하기 위해 지속적으로 노력해야 한다.

'이윤'이란 무엇일까? 이윤이란 물건을 판 수입에서 물건을 만들 때 들어간 비용을 제외한 부분이다. 기업은 본래 목적인 이윤 추구를 위해 많은 노력을 한다. 기업은 이윤을 높이기 위해 새로운 기술을 도입하여 낮은 비용으로 상품을 생산하거나, 소비자의 취향에 맞는 상품을 개발한다.

독해

핵심 체크

문단별 핵심 정리

핵심어를 넣어 각 문단의 중심 내용을 정리해 보자.

1문단 기업은 1 ☐☐ 을 추구하면서 사회에 대한 책임도 다해야 한다.

2문단 기업은 효율적 경영, 법률 준수, 정직한 제품 생산, 사회와의 이익 공유 등 2 ☐☐ 적 책임을 다해야 한다.

3문단 사회적 책임을 다하면 소비자의 3 ☐☐ 를 얻어 기업의 이익이 늘어난다.

4문단 사회적 책임을 다하는 기업은 사회 전체에 4 ☐☐☐ 인 영향을 미친다.

핵심 내용 구조화

핵심 내용을 구조화하여 정리해 보자.

기업이 사회적 책임을 다해야 하는 이유

이유 1	이유 2
사회적 책임을 다하는 기업은 1 ☐☐☐ 의 신뢰를 얻음. → 제품 판매가 늘어나 기업이 더 크게 성장할 수 있음.	기업이 사회적 책임을 다하면 교육, 문화, 복지 등 2 ☐☐ 전체에도 긍정적인 영향을 미침.

주제 확인

빈칸에 알맞은 말을 써서 이 글의 주제를 완성해 보자.

기업은 다양한 분야에서 ☐☐☐ ☐☐ 을 다하기 위해 노력해야 한다.

내용 확인

1 기업의 사회적 책임에 대한 설명으로 적절하지 않은 것은?

① 기업은 정직한 제품을 생산해야 한다.
② 기업은 경제 활동과 관련된 법률을 지켜야 한다.
③ 기업은 기업을 효율적으로 경영하고 유지해야 한다.
④ 기업은 기업의 이익 일부를 사회에 돌려주어야 한다.
⑤ 기업은 환경보다 기업의 이윤 추구를 우선시해야 한다.

내용 확인

2 기업이 사회적 책임을 다해야 하는 이유로 적절한 것을 보기 에서 모두 고르면?

보기
ㄱ. 소비자의 신뢰를 얻을 수 있기 때문이다.
ㄴ. 상품을 빠르게 생산할 수 있기 때문이다.
ㄷ. 이윤 증가와 성장에 좋은 영향을 끼치기 때문이다.
ㄹ. 소비자가 저렴한 상품을 구입할 수 있기 때문이다.

① ㄱ, ㄴ ② ㄱ, ㄷ ③ ㄱ, ㄹ ④ ㄴ, ㄷ ⑤ ㄴ, ㄹ

내용 비판

3 이 글의 주장을 뒷받침할 근거로 적절하지 않은 것은?

① ☆☆ 기업이 자동화 기계를 도입하여 제품 생산 비용을 줄였다.
② △△ 기업이 빈 병 재활용 행사를 벌였고, 이를 통해 시민들도 빈 병을 재활용해야 한다는 생각을 갖게 되었다.
③ □□ 기업이 투명하게 세금을 납부하여 모범 납세 기업으로 선정되자 □□ 기업에 대한 소비자의 신뢰도가 상승하였다.
④ ◇◇ 기업은 신발 한 켤레가 팔릴 때마다 아프리카 어린이에게 신발 한 켤레를 기부하였고, 이에 제품 판매량이 늘어났다.
⑤ ○○ 기업은 일회용 빨대 대신 재활용 빨대를 제공하였고, 환경을 생각하는 소비자들이 ○○ 기업에서 음료를 구매하였다.

과학

08 백신의 원리와 기능

어휘 체크

뜻을 알고 있는 어휘에 V표를 해 보세요.

- 수명 ☐
- 체계 ☐
- 반응 ☐
- 예방 ☐
- 증상 ☐

1 한자로 어휘 알기

한자와 어휘의 뜻을 읽고, 빈칸에 알맞은 어휘를 써 보자.

목숨 수 壽 / 목숨 명 命

뜻 생물이 살아 있는 기간.

예 현대 의학의 발달로 인간의 1 ☐☐이 늘어났다.

몸 체 體 / 묶다 계 系

뜻 여러 요소나 부분들이 서로 연결되고 어울리도록 일정한 원칙에 따라 조직한 전체.

예 응급 환자를 치료하기 위해 응급 의료 2 ☐☐를 만들었다.

돌이키다 반 反 / 응하다 응 應

뜻 자극에 대응하여 어떤 현상이 일어남. 또는 그 현상.

예 동생이 깊이 잠들었는지 깨워도 3 ☐☐이 없었다.

상태 증 症 / 모양 상 狀

뜻 병을 앓을 때 나타나는 여러 가지 상태나 모양.

예 기침과 콧물은 대표적인 감기 4 ☐☐이다.

2 문장에서 어휘 알기

밑줄 친 어휘의 뜻으로 알맞은 것을 골라 보자.

- 독감에 걸리지 않기 위해 독감 예방 주사를 맞았다.
- 산불을 예방하려면 성냥, 라이터 등을 산에 가져가지 않는 것이 좋다.

① 모양이나 규모 따위를 더 크게 함.
② 병이나 상처 따위를 잘 다스려 낫게 함.
③ 질병이나 재해 따위가 일어나기 전에 미리 대처하여 막음.

1문단 바이러스는 독감, 소아마비, 광견병 등 다양한 질병을 일으켜 사람의 생명을 위협한다. 17세기만 해도 전염병에 걸려 사망하는 사람들이 많아 유럽인의 평균 **수명**은 25~30세였다. 그러던 중 18세기 유럽에서 백신이 등장하면서 전염병으로 사망하는 사람의 수가 줄어들었고, 인류의 평균 수명도 늘어나기 시작했다. 백신은 인간과 동물에게 특정 질병에 대한 면역 **체계**를 만들어 주는 의약품이다.

2문단 백신은 어떤 원리로 면역 체계를 만들어 주는 것일까? 우리 몸은 외부에서 바이러스가 들어오면 바이러스를 침입자로 여기고, 우리 몸을 지키기 위해 침입자를 공격해 없애려고 한다. 우리 몸이 침입자를 공격하고 없애려고 하는 **반응**을 면역 반응이라고 하고, 침입에 대해 방어하는 체계를 면역 체계라고 한다. 이와 같이 우리 몸은 바이러스가 인체에 들어오면 스스로 면역 체계를 만들어 낸다. 그래서 백신은 우리 몸에 일부러 약한 바이러스를 주사해서 우리 몸이 바이러스에 대항할 수 있는 면역 체계를 만들도록 한다.

3문단 이때 약한 바이러스를 주사하는 까닭은 간단하다. 우리 몸에 들어온 바이러스가 너무 세면 우리 몸이 이겨 내기가 힘들기 때문에 비교적 이겨 내기 쉬운 약한 바이러스를 주사하는 것이다. 바이러스를 이겨 내면 우리 몸의 면역 체계는 바이러스와의 싸움을 기억하고 대비한다. 백신은 이런 면역 체계를 이용해 질병을 **예방**하거나 질병이 약한 **증상**만 일으키게 한다.

4문단 질병은 ㉠외부에서 침입하는 바이러스 이외에 우리 몸을 구성하는 요소인 단백질 문제로 생기기도 한다. 우리 몸은 바이러스와 같은 외부 침입자에 대해서는 면역 체계를 만들지만, 인체 ㉡내부에 있는 단백질은 외부 침입자로 인식하지 않아서 그에 대한 면역 체계를 만들지 않는다. 최근에는 면역 체계를 이용해, 인체 내부의 문제로 생긴 질병을 우리 몸이 스스로 치료하게 하는 백신의 개발도 진행 중이다.

5문단 인체 내부 요소인 단백질로 인해 생긴 병을 치료하려면 먼저 단백질에 다른 물질을 넣어 바이러스와 같은 침입자로 보이게 만들어야 한다. 이렇게 만든 백신을 주사하면 백신은 질병을 일으키는 단백질을 없애거나 약하게 하고 면역 체계를 만들 것이다. 이처럼 백신의 영역은 질병을 예방하는 것뿐만 아니라 질병을 치료하는 방향으로도 점점 넓어지고 있다.

'바이러스'는 무엇일까? 바이러스는 세균처럼 병을 일으키는 미생물로, 현재까지 5,000여 종류의 바이러스가 알려져 있다. 바이러스는 생명체를 감염시킬 수 있으며, 전염성이 높은 바이러스는 대규모 전염병을 일으킨다. 우리에게 익숙한 바이러스로는 독감을 일으키는 인플루엔자 바이러스가 있다.

독해

핵심 체크

문단별 핵심 정리

핵심어를 넣어 각 문단의 중심 내용을 정리해 보자.

1문단 백신은 특정 질병에 대해 면역 체계를 만들어 주는 ① ☐☐☐ 이다.

2문단 백신은 일부러 우리 몸에 약한 ② ☐☐☐☐ 를 주사하는 것으로, 우리 몸이 바이러스와 싸워 이겨 낼 수 있는 면역 체계를 만들도록 한다.

3문단 백신은 질병을 예방하거나 질병이 약한 ③ ☐☐ 만 일으키게 한다.

4문단 인체 내부의 문제로 생긴 질병을 면역 체계를 이용해 치료하는 백신의 ④ ☐☐ 도 진행 중이다.

5문단 질병 예방뿐 아니라 질병을 ⑤ ☐☐ 하는 방향으로도 백신의 영역이 넓어지고 있다.

핵심 내용 구조화

핵심 내용을 구조화하여 정리해 보자.

백신의 기능

질병 예방	질병 치료
백신은 우리 몸의 ① ☐☐ 체계를 이용해 외부에서 들어온 바이러스 등으로 인한 질병을 예방함.	백신은 우리 몸의 면역 체계를 이용해 인체 ② ☐☐ 의 문제로 생긴 질병을 치료함.

주제 확인

빈칸에 알맞은 말을 써서 이 글의 주제를 완성해 보자.

백신은 인간과 동물에게 면역 체계를 만들어 주어 질병을 ☐☐ 하고 치료한다.

내용 확인

1 이 글의 내용과 일치하지 않는 것은?

① 바이러스는 다양한 질병을 일으켜 사람의 생명을 위협한다.
② 백신이 등장하면서 전염병으로 사망하는 사람이 줄어들었다.
③ 인체 내부의 문제로 생긴 병을 치료하는 백신이 개발되고 있다.
④ 우리 몸은 인체 내부 요소인 단백질에 대해서는 면역 체계를 만들지 않는다.
⑤ 우리 몸은 스스로 면역 체계를 만들 수 없어서 외부에서 만들어 주어야 한다.

내용 추론

2 이 글과 보기를 읽고 난 반응으로 적절하지 않은 것은?

보기

독감은 인플루엔자 바이러스가 폐에 침입해 발생하는 호흡기 질환으로 감기와는 다르다. 독감은 우리나라에서 매년 유행한다. 인플루엔자 바이러스가 우리 몸에 들어오면 38도가 넘는 고열이 나고 두통과 근육통이 생긴다. 독감이 심할 경우 목숨을 잃을 수도 있다. 이를 예방하기 위해 매년 독감 예방 주사를 맞는 것이 좋다.

① 독감 백신을 맞으면 독감에 걸리게 되더라도 약한 증상만 나타날 거야.
② 독감 백신을 맞으면 약한 인플루엔자 바이러스가 우리 몸에 들어올 거야.
③ 독감의 원인이 인플루엔자 바이러스라는 것을 알아서 백신을 만들 수 있었을 거야.
④ 독감에 심하게 걸려 목숨이 위험할 때는 독감 백신을 맞으면 치료할 수 있을 거야.
⑤ 매년 백신을 맞는 것이 좋다는 것을 보니 주사 한 번으로 독감이 평생 예방되지는 않는 것 같아.

어휘 이해

3 두 어휘의 관계가 ㉠'외부' : ㉡'내부'의 관계와 유사한 것은?

① 몸 : 인체
② 침입 : 침략
③ 질병 : 질환
④ 오다 : 가다
⑤ 세다 : 강하다

기술

09 바코드의 진화, QR코드

✔ 어휘 체크

뜻을 알고 있는 어휘에 V표를 해 보세요.

- 개발 □
- 전용 □
- 허락 □
- 훼손 □
- 용도 □

1 한자로 어휘 알기

한자와 어휘의 뜻을 읽고, 빈칸에 알맞은 어휘를 써 보자.

펴다 개 開 / 나타내다 발 發
뜻 새로운 물건이나 새로운 생각을 내어놓음.
예 그 회사에서 새로운 제품을 ① [ ][ ] 했다.

오로지 전 專 / 쓰다 용 用
뜻 특정한 목적으로 일정한 부문에만 한하여 씀.
예 이 경기장은 축구만 할 수 있는 축구 ② [ ][ ] 입니다.

허락하다 허 許 / 대답하다 락 諾
뜻 부탁하는 일을 하도록 들어줌.
예 언니는 내가 그 가방을 메도 된다고 ③ [ ][ ] 했다.

쓰다 용 用 / 길 도 途
뜻 쓰이는 곳.
예 조리 도구들을 ④ [ ][ ] 에 맞게 사용해야 한다.

2 문장에서 어휘 알기

밑줄 친 어휘의 뜻으로 알맞은 것을 골라 보자.

- 미술관에 도둑이 들어 그림이 훼손되었다.
- 환경 오염이 심각해지면서 자연이 훼손되었다.

① 없애 버림.
② 남의 일을 방해함.
③ 헐거나 깨뜨려 못 쓰게 만듦.

1문단 우리는 스마트폰을 이용해서 QR코드를 스캔하여 여러 가지 방법으로 활용하고 있다. QR코드를 활용해 원하는 정보를 얻거나, 광고를 보고 물건을 살 수도 있다. QR코드는 'Quick Response Code'의 약자로 일본의 덴소 웨이브라는 회사가 1994년에 **개발**한 것이다. QR코드가 개발되기 전에는 바코드를 사용하여 상품에 대한 정보를 담았는데, QR코드는 바코드보다 편리한 점이 더 많다.

2문단 우선, QR코드는 바코드보다 개인이 정보를 얻거나 전달하기 쉽다. 바코드는 막대 모양의 검고 흰 줄무늬 모양으로, 주로 상품의 포장지에만 쓰여 상품을 관리하는 데 이용된다. 바코드는 바코드를 읽어 내는 **전용** 기계가 있어야 바코드에 담긴 정보를 볼 수 있다. 반면에 QR코드는 선, 점, 도형 등이 채워진 검은색 정사각형 모양으로, 스마트폰으로 정보를 인식한다. QR코드는 바코드처럼 전용 기계가 필요하지 않기 때문에 스마트폰만 있으면 개인이 직접 QR코드를 찍어 간편하게 정보를 확인할 수 있다. 또한 QR코드는 개발사에서 기술을 자유롭게 사용할 수 있도록 **허락**하여 누구나 QR코드를 만들고 사용할 수 있다.

3문단 QR코드는 바코드보다 크기는 작고 저장할 수 있는 정보량은 많다. 바코드는 가로 방향으로 약 20여 자의 숫자 정보만 저장할 수 있다. QR코드는 가로와 세로 두 방향으로 정보를 저장할 수 있어, 숫자는 최대 7,089자, 문자는 최대 4,296자, 한자는 최대 1,817자 정도를 저장할 수 있다. 게다가 바코드는 숫자에 대한 정보만 담을 수 있지만 QR코드는 인터넷 주소, 사진, 지도, 소리, 그림, 영상까지 담을 수 있다.

QR코드 바코드

4문단 마지막으로 QR코드는 바코드보다 인식률이 뛰어나고, 코드의 오류를 복원할 수 있는 기능이 있다. 바코드는 가로축만을 기준으로 코드가 인식되지만, QR코드는 모서리에 세 개의 네모난 점이 있어 이 점을 기준으로 어느 방향에서나 인식이 된다. 그리고 QR코드는 코드의 일부분이 더러워지거나 어느 정도 **훼손**되어도 담겨 있는 정보를 복원할 수 있다.

5문단 이와 같이 QR코드는 개인이 사용하기 편리하고, 다양한 형태의 정보를 담을 수 있기 때문에 명함, 앱 설치, 모임 안내, 애완동물의 인식표 등 다양한 **용도**로 활용되고 있다. 앞으로도 QR코드는 우리를 더욱 편리하고 놀라운 세상으로 이끄는 정보 전달자의 역할을 할 것이다.

문단별 핵심 정리

핵심어를 넣어 각 문단의 중심 내용을 정리해 보자.

1문단 QR코드는 ❶ [ ][ ][ ] 보다 편리한 점이 더 많다.

2문단 QR코드는 ❷ [ ][ ][ ][ ] 으로 정보를 인식하여 정보를 얻거나 전달하기 쉽다.

3문단 QR코드는 바코드보다 크기가 작지만 ❸ [ ][ ] 할 수 있는 정보량은 더 많다.

4문단 QR코드는 인식률이 뛰어나고, 코드의 ❹ [ ][ ] 를 복원하는 기능이 있다.

5문단 ❺ [ ][ ][ ][ ] 는 일상생활에서 다양한 용도로 활용되고 있다.

핵심 내용 구조화

핵심 내용을 구조화하여 정리해 보자.

바코드와 QR코드의 특징 비교

바코드	QR코드
전용 기계가 있어야 정보를 인식함.	스마트폰으로 정보를 인식하며 ❶ [ ][ ] 기계가 필요하지 않음.
약 20여 자의 ❷ [ ][ ] 정보만 저장할 수 있음.	인터넷 주소, 사진, 그림, 영상 등 다양한 형식의 정보를 저장할 수 있음.
가로축만을 기준으로 코드가 인식됨.	모서리에 있는 세 개의 네모난 점을 기준으로 어느 방향에서나 인식됨.

주제 확인

빈칸에 알맞은 말을 써서 이 글의 주제를 완성해 보자.

QR코드는 바코드보다 편리한 점이 많아 실생활에서 다양한 [ ][ ] 로 활용되고 있다.

내용 확인

1 **'QR코드'에 대한 설명으로 적절하지 <u>않은</u> 것은?**

① QR코드는 바코드보다 많은 정보를 담을 수 있다.
② QR코드는 스마트폰을 사용하여 정보를 인식한다.
③ QR코드는 일본의 덴소 웨이브에서 1994년에 개발하였다.
④ QR코드는 선, 점, 도형이 채워진 검은색 정사각형 모양이다.
⑤ QR코드는 기술을 개발한 회사에 사용 허락을 받고 사용한다.

내용 확인

2 **이 글에 사용된 설명 방식으로 적절한 것은?**

① 바코드와 QR코드의 특징을 대조하고 있다.
② 바코드와 QR코드의 보완점을 제시하고 있다.
③ 바코드와 QR코드의 개발 시기를 비교하고 있다.
④ QR코드의 제작 과정을 순서대로 설명하고 있다.
⑤ QR코드의 코드 오류 복원 사례를 나열하고 있다.

내용 추론

3 **이 글을 읽은 사람이 짐작한 내용으로 적절한 것은?**

① 바코드를 통해 학교 홈페이지에 접속할 수 있겠구나.
② QR코드는 일부분이 더러워지면 정보를 읽을 수 없겠구나.
③ QR코드는 어느 방향에서나 코드가 인식되어 인식률이 높겠구나.
④ QR코드는 정보량에 제한이 없어 실생활에서 사용하기 편리하겠구나.
⑤ 바코드 전용 기계만 있다면 바코드에 담긴 영상 정보도 볼 수 있겠구나.

예술

10 수원 화성 건축의 특징

어휘 체크

뜻을 알고 있는 어휘에 V표를 해 보세요.

- 설계 ☐
- 장비 ☐
- 단축 ☐
- 복원 ☐
- 지정 ☐

1 한자로 어휘 알기

한자와 어휘의 뜻을 읽고, 빈칸에 알맞은 어휘를 써 보자.

세우다 설 設 / 조사하다 계 計

뜻 건설·공사·제작 등에 관하여 그림과 설명으로 나타낸 계획.

예 이 건물은 유명한 건축가가 1 ☐☐ 한 것이다.

꾸미다 장 裝 / 갖추다 비 備

뜻 어떤 일을 하기 위하여 지니거나 갖추어야 하는 물건.

예 우리 병원은 최신 의료 2 ☐☐ 를 갖추고 있다.

짧다 단 短 / 줄이다 축 縮

뜻 시간이나 거리를 짧게 줄이는 것.

예 학생들은 방학 기간이 3 ☐☐ 되었다는 소식에 슬퍼하였다.

돌아오다 복 復 / 처음 원 元

뜻 망가진 것을 원래의 상태나 모양으로 돌아가게 하는 것.

예 화재로 무너진 성벽을 4 ☐☐ 하였다.

2 문장에서 어휘 알기

밑줄 친 어휘의 뜻으로 알맞은 것을 골라 보자.

- 정부가 한글날을 공휴일로 지정하였다.
- 얼마 전 발견된 문화재 17건이 국가 보물로 지정되었다.

① 잘못된 점이나 허물을 가리켜 말함.

② 남의 생각을 옳다고 여겨서, 그 편을 들거나 도와줌.

③ 관공서, 학교, 회사, 개인 등이 어떤 것에 특정한 자격을 줌.

1문단 수원 화성은 정조 때 왕권을 강화하고 적군의 공격을 방어하기 위해 만들어진 성이다. 성의 길이가 약 6킬로미터쯤 되고, 갖가지 건물들이 40개가 넘는 큰 건축물이다. 정조는 실학자 정약용에게 수원 화성의 **설계**를 맡겼다. 처음에 10년이 걸릴 것으로 예상했던 공사는 새로운 건축 기술을 활용하면서 2년 8개월 만인 1796년 9월에 완성되었다. 뛰어난 건축 기술을 활용한 수원 화성은 조선 후기의 대표적인 건축물로 손꼽힌다.

2문단 정약용은 새로운 건설 **장비**를 적극적으로 활용하여 수원 화성을 건축하였다. 그는 서양의 건축 기술이 담긴 책을 참고하여 거중기, 녹로, 유형거와 같은 새로운 건설 장비를 개발하였다. 거중기와 녹로는 도르래를 이용해 적은 힘으로도 많은 무게를 들어 올릴 수 있는 장비였고, 유형거는 돌, 나무 등의 무거운 물건을 쉽게 나르기 위한 수레였다. 새로운 건설 장비를 사용하면서 공사 기간을 **단축**하고, 공사비도 절약할 수 있었다.

3문단 수원 화성의 성벽에는 새로운 건축 재료도 사용하였다. 기존에 성벽을 지을 때는 화강암만 사용하였으나, 수원 화성은 화강암과 함께 벽돌을 사용해 단단하게 성벽을 쌓았다. 화강암은 그 자체는 매우 강하지만 돌과 돌 사이의 이음새가 딱 맞지 않아 외부의 충격을 받으면 쉽게 깨질 수 있다. 반면 벽돌은 그 자체는 강하지 않지만, 벽돌과 석회로 벽을 쌓고 벽 안쪽은 흙을 채우면 외부의 강한 공격에도 성벽이 쉽게 무너지지 않는다.

4문단 또한 수원 화성은 주어진 자연 지형을 최대한 활용하여 ㉠지었다. 주변 지형에 맞춰 평지와 산을 그대로 둔 채 성을 지었다. 그러다 보니 주변에 비해 높은 지역에 쌓은 성벽은 높이가 낮고, 주변에 비해 낮은 지역에 쌓은 성벽은 상대적으로 높이가 높았다. 주변 지형을 활용하였기 때문에 빠른 시간 내에 지을 수 있었고, 주변 자연환경과 조화롭게 어울려 아름답다.

5문단 한편 수원 화성을 건축하면서 정조는 수원 화성의 건축 과정을 담은 『화성성역의궤』라는 책을 만들었다. 이후 『화성성역의궤』는 일제 강점기와 6·25 전쟁을 거치면서 훼손된 수원 화성의 **복원**에 큰 역할을 하였다. 조선 후기의 건축 기술을 그대로 반영하여 복원되었음을 인정받은 수원 화성은 1997년에 유네스코 세계 문화유산으로 **지정**되었다.

『화성성역의궤』란 무엇일까? 수원 화성의 건설 계획, 공사 기간, 공사에 동원된 인원, 사용된 자재, 건설 방법 등을 글과 그림으로 자세히 남긴 기록물이다. 그 내용이 굉장히 자세하여 조선 후기 문화, 과학, 건축, 예술 등의 수준을 이해하는 데 중요한 자료로 평가받는다. 2007년에는 그 문화적 가치를 인정받아 세계 기록 유산으로 지정되었다.

문단별 핵심 정리

핵심어를 넣어 각 문단의 중심 내용을 정리해 보자.

1문단 ❶ □□ □□은 정조 때 왕권 강화와 적군 방어를 위해 설계된 성이다.

2문단 수원 화성은 새로운 건설 ❷ □□를 활용하여 건축했다.

3문단 수원 화성의 성벽은 새로운 건축 ❸ □□를 사용하여 만들었다.

4문단 수원 화성은 주변 자연 ❹ □□을 최대한 활용하여 만들었다.

5문단 수원 화성은 뛰어난 조선 후기 건축 기술을 토대로 ❺ □□되었음을 인정받아 유네스코 세계 문화유산으로 지정되었다.

핵심 내용 구조화

핵심 내용을 구조화하여 정리해 보자.

수원 화성의 건축 기술

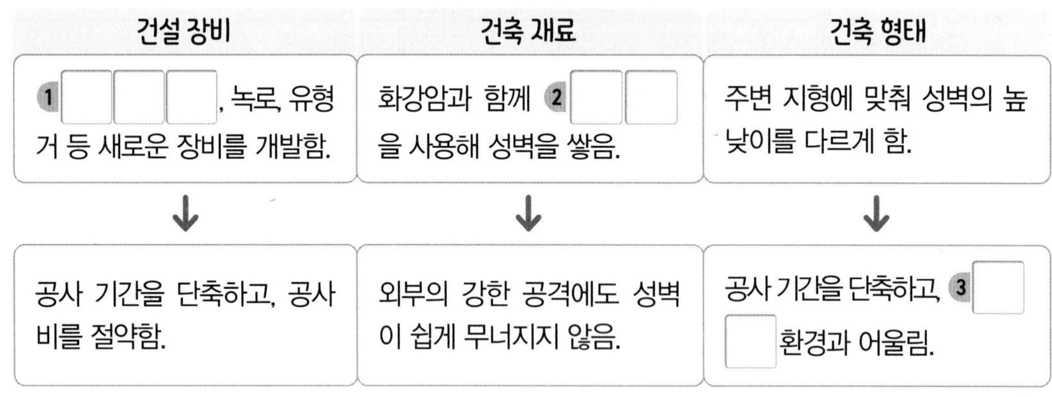

건설 장비	건축 재료	건축 형태
❶ □□□, 녹로, 유형거 등 새로운 장비를 개발함.	화강암과 함께 ❷ □□을 사용해 성벽을 쌓음.	주변 지형에 맞춰 성벽의 높낮이를 다르게 함.
↓	↓	↓
공사 기간을 단축하고, 공사비를 절약함.	외부의 강한 공격에도 성벽이 쉽게 무너지지 않음.	공사 기간을 단축하고, ❸ □□ 환경과 어울림.

주제 확인

빈칸에 알맞은 말을 써서 이 글의 주제를 완성해 보자.

조선 후기의 뛰어난 □□ 기술이 반영된 수원 화성은 그 가치를 인정받아 유네스코 세계 문화유산으로 지정되었다.

내용 확인

1 '수원 화성'에 대한 설명으로 적절한 것은?

① 수원 화성 설계 시 동양의 건축 기술이 담긴 책만 참고하였다.
② 수원 화성은 정조가 직접 설계하였고 1796년 9월에 완성되었다.
③ 수원 화성 건축 시 주변 지형에 맞춰 평지와 산을 그대로 둔 채 성을 지었다.
④ 수원 화성 건축 시 새로운 건설 장비를 사용했으나 공사 기간이 예정보다 길어졌다.
⑤ 수원 화성을 복원할 때 처음 수원 화성 건축 과정에 대한 기록물이 남아 있지 않아 복원에 어려움을 겪었다.

내용 추론

2 보기의 대화에서 '정약용'의 대답으로 가장 적절한 것은?

보기

학자: 이렇게 완성된 수원 화성을 보니 너무 아름답군요. 수원 화성의 성벽을 쌓을 때 특별한 재료를 활용했다고 하는데 그 점에 대해 설명 부탁드려요.
정약용: 네. 저는 성벽을 건축할 때 ______________________.

① 화포의 강한 공격을 막기 위해 성벽을 쌓을 때 단단한 화강암만을 사용했습니다.
② 무게가 가벼운 벽돌의 특성 때문에 빠른 시간 내에 성벽을 완성할 수 있었습니다.
③ 돌끼리 완전히 맞물리는 화강암의 특성 때문에 성벽을 튼튼하게 지을 수 있었습니다.
④ 평소에 구하기 쉬운 벽돌의 특성 덕분에 빠른 시간 내에 성벽 건축 재료를 확보할 수 있었습니다.
⑤ 벽돌과 석회로 벽을 쌓고 벽 안쪽은 흙을 채우는 기술을 이용해서 기존에 사용한 화강암이 가진 단점을 보완했습니다.

어휘 이해

3 ㉠'지었다'와 뜻이 가장 가까운 것은?

① 많은 학생들이 무리를 지어 다닌다.
② 감기 기운이 있어서 약을 지어 먹었다.
③ 바느질을 하고 실의 매듭을 잘 지어야 풀리지 않는다.
④ 그는 혼자서 한숨을 짓고 무언가를 곰곰이 생각하고 있었다.
⑤ 세계적인 건축가가 새로운 다리를 짓는다는 계획을 발표하였다.

어휘로 마무리 2주차

어휘 review

배운 어휘를 떠올리며 뜻을 아는 어휘에 V표를 해 보자.

06 학습 어휘

- ☐ 결합 ☐ 유사
- ☐ 필연적 ☐ 의사소통
- ☐ 무한

07 학습 어휘

- ☐ 추구 ☐ 다하다
- ☐ 경영 ☐ 무분별
- ☐ 신뢰

08 학습 어휘

- ☐ 수명 ☐ 반응
- ☐ 체계 ☐ 예방
- ☐ 증상

09 학습 어휘

- ☐ 개발 ☐ 전용
- ☐ 허락 ☐ 훼손
- ☐ 용도

10 학습 어휘

- ☐ 설계 ☐ 장비
- ☐ 단축 ☐ 복원
- ☐ 지정

문제로 어휘 확인하기

1 다음 뜻을 참고하여 알맞은 어휘를 쓰시오.

1 이 건물은 지진에도 끄떡없도록 [ㅅ][ㄱ] 되었다. (　　　　)
건설·공사·제작 등에 관하여 그림과 설명으로 나타낸 계획.

2 도서관 측의 [ㅎ][ㄹ]을 얻어야 자료를 대출할 수 있다.
부탁하는 일을 하도록 들어줌. (　　　　)

3 어제부터 감기 [ㅈ][ㅅ]이 심해져서 오늘은 쉬려고 한다.
병을 앓을 때 나타나는 여러 가지 상태나 모양. (　　　　)

4 새로운 비행 [ㅈ][ㅂ]를 사용하여 이동 시간을 [ㄷ][ㅊ]했다.
어떤 일을 하기 위하여 지니거나 갖추어야 하는 물건. 시간이나 거리를 짧게 줄이는 것.
(　　　　,　　　　)

5 [ㅁ][ㅂ][ㅂ]한 개발로 자연환경이 심하게 [ㅎ][ㅅ] 되고 있다.
일의 이치에 맞게 판단하는 능력이 없음. 헐거나 깨뜨려 못 쓰게 만듦.
(　　　　,　　　　)

2 다음 뜻을 보고 보기에서 알맞은 어휘를 찾아 쓰시오.

보기: 결합 수명 개발 유사 지정 필연적 다하다

1 서로 비슷함. (　　　　)

2 생물이 살아 있는 기간. (　　　　)

3 여럿이 합쳐져 하나가 됨. (　　　　)

4 반드시 그렇게 될 수밖에 없는 것. (　　　　)

5 새로운 물건이나 새로운 생각을 내어놓음. (　　　　)

6 어떤 일을 위하여 힘, 마음 따위를 모두 들이다. (　　　　)

7 관공서, 학교, 회사, 개인 등이 어떤 것에 특정한 자격을 줌.
(　　　　)

3 빈칸에 들어갈 알맞은 어휘를 찾아 선으로 이으시오.

1 이 나무는 여러 [ ] 로 두루 쓰인다. • • 의사소통

2 예술은 새로움을 [ ] 하는 활동이다. • • 복원

3 그녀는 약속을 어긴 적이 없어 [ ] 가 간다. • • 용도

4 식물은 온도와 습도에 민감하게 [ ] 한다. • • 추구

5 우리는 손상된 그림을 [ ] 하기 위해 노력했다. • • 신뢰

6 문자 메시지의 전송 속도가 이전보다 빨라져 [ ] 이 더 원활해졌다. • • 반응

4 다음 문장 중 밑줄 친 어휘가 잘못 쓰인 것은?

① 이 극장은 오페라 <u>전용</u> 극장이다.
② 그는 이 회사의 <u>체계</u>를 세운 사람이다.
③ 아버지는 작은 식당을 <u>경영</u>하기로 결심했다.
④ 어린아이는 무엇이든지 할 수 있는 <u>유한</u>한 가능성을 갖는다.
⑤ 정기적으로 치과에 가서 검진을 받아야 충치를 <u>예방</u>할 수 있다.

3주차

주간 학습 계획표

영역

11 인문

12 사회

13 과학

14 기술

15 예술

배울 내용	독해 난도	학습 날짜	학습 확인
경험이나 몇 가지 정보만으로 빠르게 판단을 내리는 정신 작용인 '휴리스틱'에 대해 설명하는 글입니다.	초4 초5 초6	월 일	☐
중등 교과 제재 특허의 정의와 특허를 받기 위한 조건을 설명하고, 특허와 관련된 올바른 인식의 필요성에 대해 알리는 글입니다.	초4 초5 초6	월 일	☐
잠이 뇌 기능에 미치는 영향을 제시하고, 잠을 충분히 자야 기억력과 창의성을 발휘하는 데 효과적이라는 점을 설명한 글입니다.	초4 초5 초6	월 일	☐
중등 교과 제재 화석 연료를 대신할 수 있는 신재생 에너지의 종류와 장점, 여러 나라에서 신재생 에너지를 활용한 다양한 사례를 제시하는 글입니다.	초4 초5 초6	월 일	☐
중등 교과 제재 조선 시대의 왕실 제사 의식에 사용되었던 종묘 제례악의 구성 요소와 그 문화적 가치에 대해 설명하는 글입니다.	초4 초5 초6	월 일	☐

매일 공부를 마치면, 학습 확인 칸에 ○표를 하세요.

인문

11 휴리스틱의 영향

어휘 체크

뜻을 알고 있는 어휘에 V표를 해 보세요.

- 판단 □
- 용이성 □
- 가능성 □
- 사례 □
- 고려 □

1 한자로 어휘 알기

한자와 어휘의 뜻을 읽고, 빈칸에 알맞은 어휘를 써 보자.

결정하다 판 判
결단하다 단 斷

뜻 사물을 구별하고 알아 논리나 기준에 따라 결정을 내림.

예 이 배로 한강을 건널 수 있겠다는 1 ☐☐을 내렸다.

모양 용 容
쉽다 이 易
성질 성 性

뜻 어렵지 아니하고 매우 쉬운 성질.

예 전자 제품을 선택할 때 사람들은 사용의 2 ☐☐☐을 따진다.

일 사 事
경우 례 例

뜻 어떤 일이 전에 실제로 일어난 예.

예 도로에서 자전거를 타다가 위험에 처한 3 ☐☐가 많다.

생각하다 고 考
생각하다 려 慮

뜻 생각하고 헤아려 봄.

예 부탁을 할 때에는 상대방의 상황을 4 ☐☐해야 한다.

2 문장에서 어휘 알기

밑줄 친 어휘의 뜻으로 알맞은 것을 골라 보자.

- 내일 비가 올 가능성은 매우 낮다.
- 공부를 열심히 하지 않았기 때문에 시험 점수가 떨어질 가능성이 높다.

① 무엇을 잘할 수 있는 타고난 능력.
② 겉으로 드러나지 않고 속에 숨어 있는 힘.
③ 앞으로 실제 이루어질 수 있는 성질이나 정도.

1문단 우리는 매일 수많은 **판단**을 끊임없이 한다. 판단을 할 때마다 판단에 필요한 정보를 빠짐없이 모으고 모두 꼼꼼하게 살펴보기는 어렵다. 그래서 보통 우리는 과거의 경험이나 몇 가지 정보만을 바탕으로 어림짐작을 하는데, 심리학에서는 이를 '휴리스틱'이라고 한다. 휴리스틱은 종류가 다양한데, 그중에서 대표성 휴리스틱과 회상 **용이성** 휴리스틱에 대해 알아보자.

2문단 먼저 대표성 휴리스틱은 어떤 대상이 특정 집단의 대표적인 특성과 얼마나 닮았는지에 따라 그 대상이 특정 집단에 속할 **가능성**을 판단하는 경향을 말한다. 대표성 휴리스틱은 첫인상을 떠올리거나 다른 사람에 대한 판단을 내릴 때 흔하게 나타난다. 새로운 짝을 만났는데 그 친구가 키가 크다면, 우리는 그 친구가 농구를 잘할 것이라고 생각한다. 왜냐하면 농구를 잘하는 친구들의 대표적인 특성이 키가 크다는 것이기 때문이다. 이처럼 대표성 휴리스틱을 통해 이루어진 판단은 어떤 대상이 가진 특정 집단의 대표적인 특성에만 관심을 두기 때문에 빠른 판단을 하는 데 도움이 된다. 하지만 대표적인 특성으로만 결론을 이끌어 내기 때문에 항상 정확하다고 보기는 어렵다.

3문단 다음으로 회상 용이성 휴리스틱은 당장 머릿속에 쉽게 떠올릴 수 있는 정보를 바탕으로 판단하는 경향을 말한다. 우리는 보통 자신이 경험한 **사례**, 생생한 사례, 충격적인 사례들을 더 쉽고 빠르게 떠올린다. 누군가 지난해에 독감에 걸린 사람들이 얼마나 많았는지 묻는다면, 보통 자기 주변 사례부터 떠올리고 어림짐작하여 대답하게 된다. 이러한 대답은 적절할 수도 있지만, 실제 결과와 다를 수도 있다. 뉴스 영상에서 산불 때문에 나무가 모두 숯덩이로 변해 버린 충격적인 장면을 보고 나면, 그 장면이 자꾸 떠올라 산림 파괴의 가장 큰 원인이 산불이라고 생각하게 된다. 그러나 이것은 실제 통계를 **고려**하지 못한 잘못된 판단이다.

4문단 이처럼 휴리스틱은 경험을 바탕으로 빠른 시간 안에 답을 찾는 편리한 방법이다. 하지만 수많은 정보 중 일부만으로 판단하기에 때로는 잘못된 판단을 하게 만든다. 무의식적으로 우리는 결정을 하기 위한 시간이 많지 않다고 생각한다. 그래서 휴리스틱은 우리가 쓰고 싶지 않아도 거의 자동적으로 작용한다. 따라서 우리는 휴리스틱이 작용하면 생각의 오류에 빠질 수도 있다는 것을 알고, 중요한 결정을 내릴 때에는 여러 정보를 활용하여 정확하고 객관적으로 판단하려 노력해야 한다.

문단별 핵심 정리

핵심어를 넣어 각 문단의 중심 내용을 정리해 보자.

1문단 1 □□□□은 과거의 경험이나 몇 가지 정보만을 바탕으로 어림짐작을 하는 것이다.

2문단 대표성 휴리스틱은 어떤 대상이 특정 집단의 2 □□□인 특성과 얼마나 닮았는지에 따라 그 대상이 특정 집단에 속할 가능성을 판단하는 경향을 말한다.

3문단 3 □□ □□□ 휴리스틱은 머릿속에 쉽게 떠올릴 수 있는 정보를 바탕으로 판단하는 경향을 말한다.

4문단 휴리스틱의 4 □□에 빠지지 않고 정확하고 객관적으로 판단하려 노력해야 한다.

핵심 내용 구조화

핵심 내용을 구조화하여 정리해 보자.

휴리스틱의 종류와 장단점

종류	• 1 □□□ 휴리스틱: 어떤 대상이 특정 집단의 대표적인 특성과 얼마나 닮았는지에 따라 그 집단에 속할 가능성을 판단하는 경향임. 예 키가 큰 친구가 농구를 잘할 것이라고 생각함. • 회상 용이성 휴리스틱: 머릿속에 쉽게 떠올릴 수 있는 2 □□를 바탕으로 판단하는 경향임. 예 지난해에 독감에 걸린 사람들이 얼마나 많았는지 물으면 주변 사례부터 떠올리고 어림짐작하여 대답함.
장점	빠른 시간 안에 판단을 내릴 수 있음.
단점	몇 가지 정보만을 바탕으로 판단하기 때문에 잘못된 판단을 내릴 수 있음.

주제 확인

빈칸에 알맞은 말을 써서 이 글의 주제를 완성해 보자.

휴리스틱은 빠른 시간 안에 답을 찾는 편리한 방법이지만, 잘못된 판단을 할 수도 있으므로 정확하고, □□□으로 판단하려 노력해야 한다.

내용 확인

1 이 글을 통해 알 수 있는 내용으로 적절하지 않은 것은?

① 사람들은 결정을 위한 시간이 많지 않다고 무의식적으로 생각한다.
② 판단을 내릴 때마다 필요한 모든 정보를 빠짐없이 모으기는 어렵다.
③ 휴리스틱의 작용으로 생각의 오류에 빠져 잘못된 판단을 하기도 한다.
④ 휴리스틱은 경험을 바탕으로 빠른 시간 안에 답을 찾는 편리한 방법이다.
⑤ 사람들은 보통 자신이 경험한 생생하거나 충격적인 사례를 쉽게 떠올리지 못한다.

내용 추론

2 '대표성 휴리스틱'의 사례로 적절한 것은?

① 저 친구는 안경을 썼으니 책을 많이 읽겠구나.
② 내 친구들이 장염에 걸린 것을 보니 요즘 장염이 유행인 것 같아.
③ 뉴스에서 내일부터 비가 올 것이라고 예보했으니 우산을 챙겨야겠어.
④ 내 방의 크기를 친구의 방과 비교하니 내 방이 친구의 방보다 더 컸어.
⑤ 뉴스에 나온 비행기 사고 장면을 보니 자동차보다 비행기가 더 위험한 것 같아.

내용 비판

3 이 글을 바탕으로 에 대해 비판할 때 적절한 것은?

보기

여러 종목에서 몇몇 유명한 운동선수들이 많은 돈을 받으며 선수 생활을 한다는 뉴스가 자주 나온다. 사람들은 이러한 뉴스를 보고 운동선수가 되면 돈을 많이 번다고 생각한다.

① 정보의 출처를 확인하지 않고 무비판적으로 수용하였다.
② 운동선수라는 특정 집단의 대표적인 특성을 고려하지 않았다.
③ 실제 통계 자료를 확인하느라 빠른 시간 안에 판단하지 못하였다.
④ 일부 운동선수의 정보만 보고 전체 운동선수의 정보는 고려하지 않았다.
⑤ 특정한 운동선수의 사례를 자신의 경험과 연결하여 주관적으로 판단하였다.

사회

12 발명가의 권리, 특허

어휘 체크

뜻을 알고 있는 어휘에 V표를 해 보세요.

- 독점 □
- 진단 □
- 인정 □
- 보상 □
- 부정적 □

1 한자로 어휘 알기

한자와 어휘의 뜻을 읽고, 빈칸에 알맞은 어휘를 써 보자.

혼자 독 獨
차지하다 점 占

뜻 혼자서 모두 차지함.

예 저 가게가 새로 나온 상품의 판매를 ① □□ 한다.

진찰하다 진 診
끊다 단 斷

뜻 의사가 환자의 병 상태를 판단하는 일.

예 가벼운 감기라고 의사가 ② □□ 했다.

알다 인 認
정하다 정 定

뜻 확실히 그렇다고 여김.

예 누구나 우리 팀 주장의 실력이 뛰어나다고 ③ □□ 한다.

갚다 보 報
갚다 상 償

뜻 어떤 것에 대한 대가로 갚음.

예 전쟁 때문에 피해를 입은 국민들은 국가로부터 ④ □□ 을 받았다.

2 문장에서 어휘 알기

밑줄 친 어휘의 뜻으로 알맞은 것을 골라 보자.

- 우리나라에서 까마귀는 부정적인 이미지를 지닌다.
- 인터넷에서 사용하는 잘못된 말들이 일상생활에 부정적인 영향을 미친다.

① 바람직하지 못한 것.
② 매우 슬프고 비참하거나 불행하게 얽힌 것.
③ 스스로 앞으로 나아가거나 상황을 좋게 만들려는 정신이 부족한 것.

1문단 발명자는 아직까지 없던 기술이나 물건을 새로 생각하여 만들어 낸 사람으로, 자신이 만든 기술이나 물건에 대한 권리를 지닌다. 이러한 발명자의 권리를 보호하기 위해 마련된 것이 특허 제도이다. 특허는 발명한 기술이나 물건을 만들고 판매하는 일 등을 **독점**할 수 있는 권리를 주는 것이고, 그러한 권리를 특허권이라고 한다. 어떤 발명이 특허권을 얻으면 그 발명의 정보가 대중에게 알려지기 때문에, 특허는 그 발명과 관련된 기술이나 산업이 발전하는 데 도움을 준다.

2문단 하지만 모든 발명이 특허의 대상이 되는 것은 아니다. 특허의 보호를 받기 위해서는 몇 가지 조건을 갖추어야 한다. 특허를 받을 발명은 자연법칙을 이용하여 만든 것으로, 기술적 아이디어가 반영되어야 한다. 산업적으로 이용 가능해야 하며, 이전에 없던 새로운 것이어야 한다. 마지막으로 이전에 있던 기술의 단점을 고쳐서 더 좋아지거나, 이전 기술보다 더 나아진 것이어야 한다. 이러한 조건을 모두 갖추어 특허를 받은 발명을 '특허 발명'이라고 한다.

3문단 다음은 조건을 갖추지 못하여 특허를 받을 수 없는 경우이다. 자연법칙을 이용한 발명만을 특허로 보호하므로 문학이나 예술적 표현, 수학 공식이나 심리 법칙 같은 인간의 정신적 작용, 경기 방법 등은 특허를 받을 수 없다. 또한 인간을 대상으로 하여 병을 치료하는 방법, 병을 **진단**하는 방법, 수술하는 방법에 대한 발명도 특허를 받을 수 없다. 이러한 발명들은 사회 전체의 이익을 위해 쓰이므로 산업적 이용 가능성을 **인정**하지 않기 때문이다.

4문단 오늘날에는 기술이 빠르게 발전하면서 발명도 크게 늘어났다. 이에 따라 특허의 중요성이 더욱 커지며 특허를 관리하는 전문 회사까지 생겼다. 특허 전문 회사들은 특허의 수익을 발명자에게 나눠 주거나, 신기술을 특허로 등록하여 산업 발전에 도움이 되는 긍정적인 측면을 지닌다. 반대로 발명가에게 충분한 **보상**을 주지 않고 특허를 사들이거나, 특허 관련 소송을 지나치게 많이 일으켜 기업의 제품 생산비를 늘어나게 하는 **부정적**인 측면도 있다. 이러한 부정적 측면을 개선하기 위해 특허 전문 회사들은 특허 권리에 대한 올바른 인식을 지니고 적극적인 특허 개발을 위해 애써야 한다.

문단별 핵심 정리

핵심어를 넣어 각 문단의 중심 내용을 정리해 보자.

1문단 특허는 ❶ ☐☐ 한 기술이나 물건을 만들고 판매하는 일을 독점할 수 있는 권리이다.

2문단 몇 가지 조건을 갖춘 발명이 특허의 보호를 받을 수 있으며, 특허를 받은 발명을 ❷ ☐☐☐☐ 이라고 한다.

3문단 자연법칙을 이용하지 않은 것이나 ❸ ☐☐☐ 이용 가능성이 인정되지 않는 발명은 특허를 받을 수 없다.

4문단 특허 전문 회사들이 ❹ ☐☐ 권리에 대한 올바른 인식을 지녀야 한다.

핵심 내용 구조화

핵심 내용을 구조화하여 정리해 보자.

특허의 조건과 특허를 받을 수 없는 경우

특허의 조건	• ❶ ☐☐☐☐ 을 이용하고, 기술적 아이디어가 반영된 것이어야 함. • 산업적으로 이용 가능하며, 이전에 없던 새로운 것이어야 함. • 이전에 있던 기술의 단점을 고쳐서 더 좋아지거나 이전 기술보다 더 나아진 것이어야 함.
특허를 받을 수 없는 경우	• 자연법칙을 이용하지 않은 것 예 문학, 예술적 표현, 수학 공식, 심리 법칙, 경기 방법 등 • 사회 전체의 이익을 위해 쓰여 ❷ ☐☐☐ 이용 가능성을 인정하지 않는 것 예 인간을 대상으로 하여 병을 치료 및 진단하는 방법, 수술하는 방법

주제 확인

빈칸에 알맞은 말을 써서 이 글의 주제를 완성해 보자.

☐☐ 의 의미와 특허를 받기 위한 조건 및 특허 전문 회사가 미친 영향에 대한 이해

내용 확인

1 이 글에서 알 수 없는 정보는?

① 특허 제도가 생긴 목적
② 특허를 받을 수 없는 발명
③ 발명이 특허를 받기 위한 조건
④ 특허 전문 회사의 긍정적 측면
⑤ 특허 제도가 문학이나 예술 영역에 미친 영향

내용 추론

2 이 글을 읽고 다음 질문에 답한 내용으로 적절한 것은?

프랑스의 수학자인 파스칼은 12살 때 종이를 찢어 붙이는 방법으로 삼각형 내부의 각을 더한 합이 180도라는 사실을 처음으로 증명했다고 해요. 이처럼 이전까지 없던 수학 공식을 자신만의 생각을 활용하여 증명했는데, 왜 이 방법은 특허를 받을 수 없나요?

① 권리를 가진 발명자가 너무 어리기 때문이에요.
② 발명자의 직접적인 경험이 반영되지 않았기 때문이에요.
③ 관련된 기술이나 산업이 발전하는 데 도움을 줄 수 없기 때문이에요.
④ 이전 기술이 없어서 어떤 것이 더 나은지 비교할 수 없기 때문이에요.
⑤ 자연법칙을 이용한 것이 아니라 인간 정신 활동의 결과물이기 때문이에요.

내용 확인

3 '특허 전문 회사'가 특허 시장에 미치는 부정적 영향으로 적절한 것은?

① 특허의 중요성이 더욱 커진다.
② 발명가에게 충분한 보상 없이 특허를 사들인다.
③ 특허를 전문적으로 관리하여 발명가에게 수익을 준다.
④ 신기술을 특허로 등록하여 그 분야의 기술을 공개한다.
⑤ 발명가와 특허를 사용하는 사람 사이의 갈등을 크게 만든다.

13 과학

수면과 뇌 기능

어휘 체크

뜻을 알고 있는 어휘에 V표를 해 보세요.

- 실행 □
- 처리 □
- 노화 □
- 추리 □
- 창의력 □

1 한자로 어휘 알기

한자와 어휘의 뜻을 읽고, 빈칸에 알맞은 어휘를 써 보자.

열매 실 實
행하다 행 行

뜻 생각이나 계획을 실제로 행함.

예 우리는 저번에 했던 약속을 1 □□하기 위해 모였다.

맡다 처 處
다스리다 리 理

뜻 어떤 일을 알맞게 다루어 끝냄.

예 직원은 급한 일부터 빨리 2 □□해 주었다.

늙다 노 老
되다 화 化

뜻 나이가 많아지면서 육체적·정신적 기능이 약해지는 것.

예 나이가 들면서 3 □□ 현상으로 주름이 생긴다.

비롯하다 창 創
생각 의 意
힘 력 力

뜻 새로운 생각이나 물건을 만들어 내는 능력.

예 그는 4 □□□을 발휘해서 새로운 방식으로 문제를 풀어 냈다.

2 문장에서 어휘 알기

밑줄 친 어휘의 뜻으로 알맞은 것을 골라 보자.

- 형사는 증거물을 바탕으로 범인의 신분을 추리하였다.
- 아이가 그린 그림의 내용을 보고 심리 상태를 추리하였다.

① 어떤 것을 특히 두드러지게 내세우거나 주장함.
② 아는 사실로 미루어 아직 모르는 사실을 알아내려고 함.
③ 마음이나 생각 속에 어떤 경험 등을 간직하거나 다시 생각해 냄.

1문단 다음날이 시험이라고 하면 밤을 새워 공부하고 시험을 보는 게 더 효과적이라고 생각할 수 있다. 그런데 잠을 잘 못 잤을 때 자신의 몸 상태를 떠올려 보자. 멍한 기분을 느껴 봤을 것이다. 그래서 밤새워 열심히 공부했는데 오히려 시험 날 공부한 내용이 잘 생각나지 않거나 복잡한 문제를 잘 풀지 못할 수 있다. 왜 이런 일이 일어날까? 그 이유는 바로 수면이 뇌 기능에 영향을 미치기 때문이다.

2문단 우리 뇌의 대부분을 차지하는 대뇌 앞부분에는 전두엽이라는 부위가 있다. 이 전두엽의 맨 앞쪽에는 전전두엽이 있다. 전전두엽은 기억하고 이해하며, 일을 계획해서 순서 있게 **실행**하고, 동시에 여러 가지 일을 효과적으로 **처리**하는 역할을 한다. 이 부분은 나이가 들면서 기능이 떨어지는데, 나이가 들지 않아도 수면이 부족하면 일시적으로 뇌의 **노화** 현상이 생긴다. 그래서 수면 시간이 부족하면 전전두엽이 제대로 기능하지 못해 기억력이 떨어지고, 복잡하거나 **추리**가 필요한 일을 잘 해내지 못한다. 지속적으로 수면 부족에 시달려 뇌에 이러한 노화 현상이 쌓이면 결국엔 일찍 뇌 기능이 떨어지게 된다.

3문단 이와 관련하여 하버드 대학의 스틱골드 박사는 4일 동안 24명에게 다음과 같은 실험을 하였다. 먼저 24명에게 3개의 사선 방향을 기억하게 한 다음 실험 참가자들을 두 집단으로 나누었다. 그리고 한 집단은 잠을 충분히 재우고, 다른 집단은 잠을 충분히 재우지 않았다. 마지막 날에 24명에게 처음에 보여 주었던 사선 방향을 떠올리게 했을 때, 충분히 수면을 취한 집단의 기억력이 더 뛰어난 것으로 나타났다. 스틱골드 박사는 새로운 지식이나 기술을 익히려면 그것을 외우거나 배운 날 6시간 이상 잠을 자야 된다는 사실을 알아냈다.

4문단 이를 통해 충분한 수면을 취해야 전전두엽이 제 기능을 다할 수 있고, 이는 암기력뿐만 아니라 창조적인 능력과 문제 해결 능력이 발달하는 데에도 중요한 역할을 한다는 것을 알 수 있다. 따라서 밤에 충분히 자는 것은 건강에도 좋지만, 기억력과 **창의력**을 높이는 데에도 효과적이라는 점을 알아 두어야 한다.

'전두엽'은 무엇일까? 뇌는 대뇌, 간뇌, 소뇌로 이루어져 있다. 이 중에서 대뇌는 가장 부피가 크며 추리, 기억, 상상, 언어 등의 정신 활동을 담당한다. 전두엽은 대뇌 바깥쪽을 싸고 있는 겉질의 약 40%를 차지하고 있는 부위이다. 인간의 전두엽은 다른 포유동물보다 발달해 있어 감정 조절, 운동 제어, 그리고 기억력과 지적 사고력 등 고수준 기능을 담당한다.

독해

핵심 체크

문단별 핵심 정리

핵심어를 넣어 각 문단의 중심 내용을 정리해 보자.

1문단 ① ☐☐ 이 뇌 기능에 영향을 미친다.

2문단 수면이 부족하면 전전두엽이 제대로 기능을 하지 못해 뇌 ② ☐☐ 이 떨어진다.

3문단 새로운 지식이나 기술을 익히려면 ③ ☐ 시간 이상 잠을 자야 한다.

4문단 잠을 충분히 자는 것은 기억력과 창의력을 높이는 데 ④ ☐☐☐ 이다.

핵심 내용 구조화

핵심 내용을 구조화하여 정리해 보자.

수면과 뇌의 기능

전전두엽의 기능	기억하고 이해하며, 일을 계획해서 순서 있게 실행하고, 동시에 여러 가지 일을 효과적으로 ① ☐☐ 하는 역할을 함.
수면과 뇌 기능	수면이 부족함. → ② ☐☐☐☐ 이 제대로 기능하지 못함. → 기억력이 떨어지고, 복잡하거나 추리가 필요한 일을 잘 해내지 못함.
충분한 수면의 필요성	수면이 충분함. → 전전두엽이 제대로 기능함. → ③ ☐☐☐ 과 창의력을 높이는 데 효과적임.

주제 확인

빈칸에 알맞은 말을 써서 이 글의 주제를 완성해 보자.

충분한 수면은 ☐ 가 제 기능을 다해 기억력과 창의력을 높이는 데에 효과적이다.

내용 확인

1 이 글의 내용과 일치하는 것은?

① 전전두엽은 대뇌 전두엽의 맨 뒤에 위치한 부위이다.
② 잠이 부족하면 일시적으로 뇌의 노화 현상이 생긴다.
③ 밤새워 공부를 하면 암기력을 높이는 데에 도움이 된다.
④ 하루에 6시간 이하로 자는 것이 새로운 기술을 익히는 데에 효과적이다.
⑤ 복잡하고 추리가 필요한 문제를 풀 때에는 기억력보다 창의력이 더 중요하다.

내용 확인

2 이 글에 대한 설명으로 적절하지 <u>않은</u> 것은?

① 뇌의 특정 부위의 위치와 기능을 설명하고 있다.
② 주제를 다시 한번 강조하며 글을 마무리하고 있다.
③ 읽는 이가 공감할 수 있는 내용으로 글을 시작하고 있다.
④ 주제와 관련된 질문을 하고, 그에 대한 답을 제시하고 있다.
⑤ 앞 내용을 반박하기 위해 구체적인 실험 내용을 제시하고 있다.

내용 추론

3 이 글의 내용을 참고할 때, 다음 질문에 대한 대답으로 가장 적절한 것은?

> 낮에 열심히 공부하고 밤에 잠을 충분히 자는 것이 왜 밤을 새워 공부하는 것보다 기억력과 창의력을 높이는 데에 더 효과적일까?

① 기억력과 창의력은 밤에 더 뛰어나게 발휘되기 때문이다.
② 밤에 자는 시간에 비례하여 뇌의 기능이 점점 더 좋아지기 때문이다.
③ 낮에 자는 잠과 밤에 자는 잠은 뇌에 미치는 영향이 다르기 때문이다.
④ 잠이 부족하면 일의 실행과 처리를 담당하는 뇌의 기능이 떨어지기 때문이다.
⑤ 낮에 사용하는 뇌의 기능과 밤에 사용하는 뇌의 기능이 서로 다르기 때문이다.

기술

14 신재생 에너지의 필요성

어휘 체크

뜻을 알고 있는 어휘에 V표를 해 보세요.

- 배출 □
- 변환 □
- 무한정 □
- 확보 □
- 분포 □

1 한자로 어휘 알기

한자와 어휘의 뜻을 읽고, 빈칸에 알맞은 어휘를 써 보자.

밀치다 배 排 / 나다 출 出

뜻 안에서 밖으로 밀어 내보냄.

예 쓰레기는 정해진 시간에 ① ☐☐ 해야 한다.

변하다 변 變 / 바꾸다 환 換

뜻 달라져서 바뀜. 또는 다르게 하여 바꿈.

예 음성을 글자로 ② ☐☐ 시켜 주는 기술이 개발되었다.

없다 무 無 / 한정하다 한 限 / 정하다 정 定

뜻 끝이나 제한이 없음.

예 시간에 맞추어 오지 않는 친구를 ③ ☐☐☐ 기다릴 수 없어 집으로 돌아왔다.

굳다 확 確 / 지키다 보 保

뜻 확실히 보증하거나 가지고 있음.

예 재판에 앞서 충분한 증거를 ④ ☐☐ 해야 한다.

2 문장에서 어휘 알기

밑줄 친 어휘의 뜻으로 알맞은 것을 골라 보자.

- 이 꽃은 세계의 여러 나라에 널리 분포한다.
- 우리나라의 지역별 인구 분포를 조사하였다.

① 나누어서 맡음.
② 종류에 따라서 가름.
③ 무엇이 여러 곳에 흩어져 퍼져 있음.

1문단 석탄, 석유 등의 화석 연료는 일부 국가에만 매장되어 있고, 전 세계의 사람들이 모두 사용할 수 있을 만큼 양이 넉넉하지 않아 국가 간의 분쟁을 일으킨다. 뿐만 아니라 화석 연료를 사용할 때마다 **배출**되는 온실가스는 지구 온난화 현상의 원인이 된다. 이러한 문제를 해결하기 위해 화석 연료를 대신할 수 있는 에너지 자원에 대한 관심이 높아지고 있다.

2문단 화석 연료를 대신할 수 있는 에너지 자원으로는 재생 가능한 자원을 **변환**하여 이용하는 신재생 에너지가 있다. 재생 가능한 자원에는 태양, 바람, 물 등이 있으며 이들은 사용해도 다시 채워진다. 신재생 에너지에는 태양열 및 태양광 에너지, 땅속에서 발생하는 열을 이용한 지열 에너지, 바람을 이용한 풍력 에너지, 생물체를 활용한 바이오 에너지, 밀물과 썰물의 차이를 이용한 조력 에너지 등이 있다.

3문단 신재생 에너지는 여러 가지 장점이 있다. 신재생 에너지의 자원은 아무리 사용해도 없어지지 않고 다시 생긴다. 태양열은 태양이 존재하는 한 사라지지 않고, 풍력도 지구에서 바람이 부는 동안 끊임없이 생기기 때문이다. 이처럼 신재생 에너지는 **무한정** 에너지이고, 미래의 자원을 **확보**할 수 있기에 매우 중요하다. 또한 신재생 에너지는 이산화 탄소 배출량이 적어 환경 친화적이며, 지구상에 비교적 고르게 **분포**하여 국가 간에 분쟁이 일어날 가능성도 낮다. 따라서 세계 여러 국가들은 무한정·무공해 에너지인 신재생 에너지를 개발하고 이용하기 위해 많은 노력을 하고 있다.

4문단 국가마다 자연환경과 경제적 조건이 다르므로 활용하는 신재생 에너지의 종류도 각각 다르다. 강한 바람이 계속해서 부는 네덜란드와 덴마크에서는 풍력 에너지를 활용하며, 지각 변동이 활발한 아이슬란드와 일본에서는 지열 에너지를 이용한다. 또한 비가 적게 내리는 건조 기후 지역인 스페인에서는 태양광 에너지를 이용하고, 국토가 매우 넓어 대량의 작물을 재배하기 적합한 브라질에서는 사탕수수나 옥수수에서 얻은 바이오 에너지를 자동차의 연료로 사용하고 있다.

'바이오 에너지'는 무엇일까? 바이오 에너지는 생물에서 추출한 에너지원을 말한다. 대표적으로 옥수수, 사탕수수, 감자 등의 곡물을 발효시켜 만드는 바이오 에탄올이 있고, 콩기름, 폐식용유 등에서 식물성 기름을 뽑아 만드는 바이오 디젤이 있다. 그리고 음식물 쓰레기, 가축 배설물 등을 분해할 때 생성되는 바이오 가스가 있다. 이러한 에너지들은 자동차 연료, 가정의 난방 연료 등으로 사용된다.

독해

핵심 체크

문단별 핵심 정리

핵심어를 넣어 각 문단의 중심 내용을 정리해 보자.

1문단 ❶ [ ][ ] [ ][ ]를 대신할 수 있는 에너지 자원에 대한 관심이 높아지고 있다.

2문단 신재생 에너지는 ❷ [ ][ ] 가능한 자원을 변환하여 이용하는 에너지이다.

3문단 신재생 에너지는 무한정·무공해 에너지로 여러 가지 ❸ [ ][ ]이 있다.

4문단 ❹ [ ][ ]마다 자연환경, 경제적인 조건에 따라 활용하는 신재생 에너지가 다르다.

핵심 내용 구조화

핵심 내용을 구조화하여 정리해 보자.

신재생 에너지

개념	재생 가능한 자원을 ❶ [ ][ ]하여 이용하는 에너지임.
종류	태양을 이용한 태양열 및 태양광 에너지, ❷ [ ][ ]을 이용한 풍력 에너지, 생물체를 활용한 바이오 에너지, 밀물과 썰물의 차이를 이용한 조력 에너지 등이 있음.
장점	• 아무리 사용해도 없어지지 않는 ❸ [ ][ ][ ] 에너지임. • 이산화 탄소의 배출량이 적고, 환경친화적인 무공해 에너지임. • 지구상에 비교적 고르게 분포하여 국가 간 분쟁 가능성이 낮음.

주제 확인

빈칸에 알맞은 말을 써서 이 글의 주제를 완성해 보자.

무한정·무공해 에너지인 [ ][ ][ ] 에너지의 종류와 필요성 및 다양한 활용 사례

내용 확인

1 이 글에 제시된 정보가 아닌 것은?

① 신재생 에너지의 종류
② 신재생 에너지의 장점
③ 재생 가능한 자원의 예
④ 신재생 에너지의 문제점
⑤ 화석 연료가 환경에 미치는 영향

내용 추론

2 이 글을 읽고 추론한 내용으로 적절하지 않은 것은?

① 식물 등의 생물체는 에너지를 만드는 데 활용되기 어렵다.
② 지구 온난화를 막기 위해 석탄이나 석유의 사용을 줄여야 한다.
③ 신재생 에너지를 개발할 때에는 지역의 자연환경을 고려해야 한다.
④ 에너지 자원이 한 지역에 몰려 있으면 국가 간에 다툼이 생길 수 있다.
⑤ 흔히 볼 수 있는 자연에 있는 자원을 변환하여 에너지로 개발할 수 있다.

내용 비판

3 를 참고하여 이 글에 보인 반응으로 가장 적절한 것은?

보기

신재생 에너지는 화석 연료보다 저장과 수송이 쉽지 않고 대량 생산이 어려워 경제성이 낮다는 문제점이 있다. 또한 신재생 에너지를 개발하기 위해서는 초기에 많은 투자 비용이 들거나 에너지로 활용하기까지 복잡한 과정과 기술이 필요한 때도 있어 국가별 기술력의 차이에 따라 신재생 에너지의 개발 속도가 달라지기도 한다.

① 신재생 에너지의 활용 방안을 찾는 것이 시급하군.
② 신재생 에너지를 무한정 에너지라고 보기는 힘들군.
③ 신재생 에너지와 지역의 자연환경은 거의 관계가 없군.
④ 가난한 국가에서는 신재생 에너지 개발이 어려울 수도 있군.
⑤ 화석 연료보다 신재생 에너지가 환경에 나쁜 영향을 줄 수도 있군.

15 예술

종묘 제례악

어휘 체크

뜻을 알고 있는 어휘에 V표를 해 보세요.

- 제례 ☐
- 엄숙하다 ☐
- 업적 ☐
- 번영 ☐
- 의례 ☐

1 한자로 어휘 알기

한자와 어휘의 뜻을 읽고, 빈칸에 알맞은 어휘를 써 보자.

제사 제 祭 / 예절 례 禮
- 뜻 제사를 지내는 예법이나 예절.
- 예 우리나라에서 명절에 지내는 ❶ ☐☐로는 차례가 있다.

일 업 業 / 성과 적 績
- 뜻 열심히 일하여 이룩해 놓은 결과.
- 예 위인은 위대한 ❷ ☐☐을 남긴 사람이다.

번성하다 번 繁 / 왕성하다 영 榮
- 뜻 기운이나 세력이 왕성하게 일어나 퍼지고 몸이 귀하게 됨.
- 예 한글 창제 덕분에 우리 민족의 문화가 ❸ ☐☐하였다.

법도 의 儀 / 예절 례 禮
- 뜻 상황에 어울리게 일정한 격식을 갖추어 치르는 행사나 예식.
- 예 결혼식은 집안의 중요한 ❹ ☐☐ 중 하나이다.

2 문장에서 어휘 알기

밑줄 친 어휘의 뜻으로 알맞은 것을 골라 보자.

- 현충일 기념 의식이 엄숙하게 진행되었다.
- 장례식장의 분위기가 엄숙하여 떠드는 사람이 없었다.

① 온화하고 화목한 분위기가 넘쳐흐르다.
② 움직임이나 모습, 기분 따위가 가볍고 상쾌하다.
③ 뜻깊고 중요한 일이어서 격식에 맞고 매우 진지하다.

1문단 조선 시대에 종묘에서 왕실의 조상들에게 올리던 제사를 '종묘 제례'라고 한다. 종묘 제례는 나라의 중요한 행사였으므로 왕이 중심이 되어 직접 제사를 이끌었다. 엄숙한 분위기 속에서 미리 짠 순서에 따라 제사를 지냈으며, 제사를 지내는 동안 웅장한 노래와 춤, 악기 연주 등이 어우러졌다. 이처럼 종묘 제례에 사용되는 노래, 춤, 그리고 악기 연주를 아울러 '종묘 제례악'이라고 한다.

2문단 종묘 제례에서 부르는 노래를 '악장'이라고 하는데, 그 내용은 주로 왕실 조상들의 업적이나 조선 건국을 찬양하는 것이었다. 종묘 제례악을 대표하는 노래로는 「보태평」과 「정대업」이 있다. 「보태평」은 왕실 조상의 학문과 덕을 찬양하는 내용을, 「정대업」은 조선 건국의 군사적 업적을 예찬하는 내용을 각각 담고 있다.

3문단 종묘 제례에서 추는 춤을 '일무'라고 하는데, 그 종류는 노래의 내용에 따라 '문무'와 '무무'로 나뉜다. 조상의 학문과 덕을 노래할 때에는 '문무'를, 나라를 세운 업적을 노래할 때에는 '무무'를 춘다. 예를 들어, 「보태평」에는 '문무'를, 「정대업」에는 '무무'를 추는 것이다. '문무'는 왼손에는 피리 종류인 '약'을, 오른손에는 깃털을 단 도구인 '적'을 들고 추었고, '무무'는 나무로 만든 칼과 창을 들고 추었다.

4문단 종묘 제례악에서는 우리 고유의 향악기와 함께 중국의 아악기 및 당악기 등 다양한 종류의 악기가 사용되었다. 이들 악기는 '팔음'이라고 하는 여덟 가지의 재료를 반드시 갖추어야 했는데, 팔음은 '쇠, 돌, 실, 대나무, 박, 흙, 가죽, 나무'를 뜻한다. 그리고 악기의 배치, 장식, 색깔에도 모두 의미가 담겨 있다.

5문단 이처럼 종묘 제례악은 노래, 춤, 악기 연주가 어우러진 종합 예술이다. 또한 조선 시대에 왕실 번영을 기원하기 위해 만들어진 이후로 오늘날까지 ㉠보존되어 내려오는 소중한 우리 문화유산이기도 하다. 종묘 제례악은 1462년 틀을 갖춘 이후로 오늘날까지 500년 이상 행해지고 있다는 점에서 세계에서도 손꼽힐 만큼 오래된 의례 문화라고 할 수 있다.

'종묘'는 무엇일까? 종묘는 조선 시대의 역대 왕과 왕비, 그리고 나중에 왕으로 받들어진 분들의 신위를 모시고 제사를 지내는 곳이다. '신위'란 죽은 사람의 영혼이 머무는 자리를 뜻하는 말로, 죽은 사람의 얼굴을 그린 그림이나 이름을 적은 나무패 등을 가리킨다.

독해 핵심 체크

문단별 핵심 정리

핵심어를 넣어 각 문단의 중심 내용을 정리해 보자.

1문단 1 ☐☐ ☐☐에 사용되는 노래, 춤, 악기 연주를 아울러 종묘 제례악이라고 한다.

2문단 2 ☐☐은 왕실 조상들의 업적이나 조선 건국을 찬양하는 내용의 노래이다.

3문단 3 ☐☐는 노래의 내용에 따라 '문무'와 '무무'로 나뉘는 춤이다.

4문단 종묘 제례악에서는 우리 고유의 4 ☐☐☐와 함께 다양한 악기가 사용되었다.

5문단 종묘 제례악은 소중한 문화유산이자, 오늘날까지 행해지는 오래된 5 ☐☐ 문화이다.

핵심 내용 구조화

핵심 내용을 구조화하여 정리해 보자.

종묘 제례악의 구성 요소

노래	• '악장'이라고 부름. • 주로 왕실 조상의 업적이나 조선 1 ☐☐을 찬양하는 내용임.
춤	• '일무'라고 부름. • 조상의 학문과 덕을 노래할 때에는 2 '☐☐'를, 나라를 세운 업적을 노래할 때에는 '무무'를 춤.
악기 연주	• 우리 고유의 향악기, 중국의 아악기 및 당악기 등 다양한 악기가 사용됨. • 악기는 3 '☐☐'을 갖추어야 함.

주제 확인

빈칸에 알맞은 말을 써서 이 글의 주제를 완성해 보자.

조선 시대부터 내려온 종묘 제례악은 노래, 춤, 악기 연주가 어우러진 ☐☐ 예술이자, 세계에서도 손꼽힐 만큼 오래된 의례 문화이다.

내용 확인

1 이 글에서 알 수 있는 내용이 아닌 것은?

① 종묘 제례는 왕이 직접 참여하는 나라의 중요한 행사였다.
② 종묘 제례악의 음악은 우리 고유의 악기만을 사용해 연주하였다.
③ 종묘 제례악은 조선 시대의 의례 문화로 오늘날에도 행해지고 있다.
④ 종묘 제례악의 노래는 왕실의 조상과 조선 건국을 찬양하는 내용이었다.
⑤ 종묘 제례악에서는 노래의 내용에 따라 각각 다른 도구를 들고 춤을 추었다.

내용 추론

2 보기의 자료에 대한 반응으로 가장 적절한 것은?

보기

이 사진은 '일무'의 한 장면으로 무용수가 왼손에는 '약'을, 오른손에는 '적'을 들고 춤을 추는 모습이다.

① 종묘 제례악에서 추는 춤의 순서를 알 수 있군.
② 「정대업」을 노래할 때 이런 종류의 춤을 추었겠군.
③ 종묘 제례악에서 사용된 악기들을 보여 주고 있군.
④ '약'과 '적'을 들고 추는 춤이므로 '문무'에 해당하겠군.
⑤ 나무로 만든 도구를 들고 있으므로 '무무'에 해당하겠군.

어휘 이해

3 ㉠'보존되어'와 바꾸어 쓰기에 가장 적절한 것은?

① 지켜져　　② 묻혀져　　③ 고쳐져
④ 사라져　　⑤ 만들어져

어휘로 마무리 3주차

어휘 review

배운 어휘를 떠올리며 뜻을 아는 어휘에 V표를 해 보자.

11 학습 어휘

□ 판단 □ 용이성
□ 가능성 □ 사례
□ 고려

12 학습 어휘

□ 독점 □ 진단
□ 인정 □ 보상
□ 부정적

13 학습 어휘

□ 실행 □ 처리
□ 노화 □ 추리
□ 창의력

14 학습 어휘

□ 배출 □ 변환
□ 무한정 □ 확보
□ 분포

15 학습 어휘

□ 제례 □ 엄숙하다
□ 업적 □ 번영
□ 의례

문제로 어휘 확인하기

1 다음 뜻을 참고하여 알맞은 어휘를 쓰시오.

1 해야 할 일을 [ㅁ][ㅎ][ㅈ] 미룰 수는 없다. ( )
끝이나 제한이 없음.

2 우리 집은 전통 [ㅈ][ㄹ]에 따라 제사를 지낸다. ( )
제사를 지내는 예법이나 예절.

3 목격자들의 증언을 참고하여 사건의 원인을 [ㅊ][ㄹ]했다.
아는 사실로 미루어 아직 모르는 사실을 알아내려고 함.
( )

4 대형 업체의 [ㄷ][ㅈ] 판매로 입은 피해를 [ㅂ][ㅅ] 받았다.
혼자서 모두 차지함. 어떤 것에 대한 대가로 갚음.
(,)

5 그는 자신의 [ㅍ][ㄷ]에 심각한 문제가 있음을 [ㅇ][ㅈ]했다.
사물을 구별하고 알아 논리나 기준에 따라 결정을 내림. 확실히 그렇다고 여김.
(,)

2 다음 뜻을 보고 보기에서 알맞은 어휘를 찾아 쓰시오.

보기: 처리 확보 업적 사례 진단 용이성 부정적

1 바람직하지 못한 것. ( )
2 어떤 일을 알맞게 다루어 끝냄. ( )
3 확실히 보증하거나 가지고 있음. ( )
4 열심히 일하여 이룩해 놓은 결과. ( )
5 어렵지 아니하고 매우 쉬운 성질. ( )
6 어떤 일이 전에 실제로 일어난 예. ( )
7 의사가 환자의 병 상태를 판단하는 일. ( )

3 빈칸에 들어갈 알맞은 어휘를 찾아 선으로 이으시오.

1 적성을 [ ] 해서 진로를 정해야 한다.	• •	노화
2 먹구름이 많은 것으로 보아 오늘은 비가 내릴 [ ] 이 높다.	• •	고려
3 공장에서 몰래 [ ] 한 오염 물질로 물고기들이 죽었다.	• •	의례
4 아버지는 자연스러운 [ ] 현상이라며 흰머리를 그냥 두셨다.	• •	배출
5 옛날에는 신에게 음식을 바친 뒤 소원을 비는 [ ] 를 치렀다.	• •	번영
6 세계 평화와 인류의 [ ] 을 위해 각 나라의 지도자들이 모였다.	• •	가능성

4 다음 문장 중 밑줄 친 어휘가 잘못 쓰인 것은?

① 그는 광고지를 분포하며 가게를 홍보했다.
② 그날 예식장의 분위기는 경건하고 엄숙했다.
③ 선생님은 학생들이 창의력을 키울 수 있도록 도왔다.
④ 태양 전지는 빛을 전기 에너지로 변환하는 장치이다.
⑤ 작은 계획이라도 실행에 옮기면 보람을 느낄 수 있다.

4주차

주간 학습 계획표

영역

16 인문

17 사회

18 과학

19 기술

20 예술

배울 내용	독해 난도	학습 날짜	학습 확인
중등 교과 제재 행복의 의미와 진정한 행복을 위해 필요한 정신적 조건에 대해 설명하는 글입니다.	초4 초5 초6	월 일	
중등 교과 제재 인간의 최소 생존권 보장과 자원의 고른 분배를 위해 식량 자원 불균형 문제에 대한 국제 사회의 개입을 주장하는 글입니다.	초4 초5 초6	월 일	
중등 교과 제재 부력의 개념 및 부력의 작용에 영향을 미치는 요소를 설명하는 글입니다.	초4 초5 초6	월 일	
고층 건물 설계에 사용되는 첨단 기술인 튜브 시스템에 대해 설명하는 글입니다.	초4 초5 초6	월 일	
발레의 유래와 발레가 시대 흐름에 따라 어떻게 변화했는지 설명하는 글입니다.	초4 초5 초6	월 일	

매일 공부를 마치면, 학습 확인 칸에 ○표를 하세요.

인문

16 행복의 의미

어휘 체크

뜻을 알고 있는 어휘에 V표를 해 보세요.

- 궁극적 ☐
- 의식주 ☐
- 몰두 ☐
- 풍요 ☐
- 중시 ☐

1 한자로 어휘 알기

한자와 어휘의 뜻을 읽고, 빈칸에 알맞은 어휘를 써 보자.

다하다 궁 窮 / 다하다 극 極 / ~하는 것 적 的

뜻 더할 나위 없는 정도에 도달하는 것.

예 모든 국가는 1 ☐☐☐으로 자기 나라의 이익을 위해 노력한다.

옷 의 衣 / 음식 식 食 / 집 주 住

뜻 옷과 음식과 집을 통틀어 이르는 말.

예 자연에 의한 재난으로 사람들은 2 ☐☐☐를 걱정하게 되었다.

풍년 풍 豊 / 넉넉하다 요 饒

뜻 흠뻑 많아서 넉넉함.

예 올해는 풍년이어서 곡식이 3 ☐☐로웠다.

중요하다 중 重 / 보다 시 視

뜻 가볍게 여길 수 없을 만큼 매우 크고 중요하게 여김.

예 그는 일의 결과보다는 과정을 4 ☐☐하는 사람이다.

2 문장에서 어휘 알기

밑줄 친 어휘의 뜻으로 알맞은 것을 골라 보자.

- 나는 발표회가 다가오자 피아노 연습에 <u>몰두</u>했다.
- 그 과학자는 연구에 <u>몰두</u>해서 밥 먹는 것도 잊어버렸다.

① 생각한 것을 실제로 행함.
② 어떤 일에 온 정신을 다 기울여 열중함.
③ 어떤 상태나 상황을 그대로 보존하거나 변함없이 계속하여 지탱함.

1문단 국제 연합[UN]에서는 매년 전 세계 150여 국가의 국민들이 느끼는 행복도를 조사해서 '세계 행복 보고서'를 발표하고 있다. 국제 연합에서는 "행복은 인간의 목적이다."라고 행복의 의미를 규정하고, 보다 많은 사람들이 행복할 수 있도록 다양한 노력을 기울이고 있다. 고대 그리스의 철학자 아리스토텔레스도 행복이야말로 우리 삶에서 이루고자 하는 **궁극적** 목적이라고 말했다. 이처럼 고대에서부터 현대에 이르기까지 사람들은 한결같이 어떻게 해야 행복할 수 있는지에 관심을 기울여 왔다. 그렇다면 진정한 행복은 무엇이고, 행복하기 위해서는 무엇이 필요할까?

2문단 우리는 보통 일상생활에서 만족감과 즐거움을 느끼는 상태를 행복이라고 여긴다. 사람마다 만족감과 즐거움을 느끼는 일이 다르기에 행복의 모습은 다양하다. 크게 살펴보면, 우리는 **의식주**, 건강, 지위와 같은 객관적 조건을 충족하며 즐거움과 만족감을 느낀다. 우리가 행복하기 위해서는 이러한 객관적 조건들이 필요하다. 객관적 조건들이 어느 정도 갖추어지지 않으면 우리는 인간다운 삶을 유지하기 힘들며 즐거움과 만족감을 느끼는 데도 어려움을 겪기 때문이다.

3문단 한편으로 우리는 다른 사람을 도우면서 보람을 느끼고 자신의 목표에 **몰두**하면서 성취감을 느끼기도 한다. 이렇게 정신적 조건을 충족하면서 느끼는 즐거움과 만족감은 우리 삶을 **풍요**롭게 만든다. 삶에서 마음의 평화나 보람, 성취감 같은 정신적 조건이 충족되지 않는다면 객관적 조건만으로는 행복을 이루기 어렵다. 객관적 조건을 갖추었더라도 자신에 대한 불만과 불안을 느낀다면 행복할 수 없기 때문이다. 객관적 조건을 충족하여 느끼는 행복은 의식주, 건강, 사회적 지위 등을 잃으면 사라진다. 진정한 행복은 잠시 나타났다가 사라지는 것이 아니라 정신적 조건을 충족하며 느끼는 행복처럼 우리 삶 속에서 오래도록 느낄 수 있는 것이어야 한다.

4문단 ㉠우리가 삶을 살아가기 위해서는 객관적 조건이 필요하지만, 우리가 진정으로 행복하게 살아가기 위해서는 정신적 조건을 **중시**해야 한다. 그리고 진정한 행복을 얻기 위해서는 자신이 바라는 가치를 이루기 위해 노력하고, 다른 사람들과 함께 살아가도록 노력해야 한다. 이렇게 하면 자신의 행복을 이룰 수 있을 뿐 아니라 다른 사람이 행복한 삶을 살 수 있도록 도울 수 있다.

'세계 행복 보고서'는 무엇일까? 국제 연합[UN]은 3월 20일을 '세계 행복의 날'로 정하여 '세계 행복 보고서'를 발표한다. 이 보고서는 국내 총생산[GDP], 기대 수명, 사회적 지지, 선택의 자유, 관용, 부패에 관한 인식, 미래에 대한 불안감 등 7가지 기준으로 행복도를 계산하여 150여 개 국가의 행복도 순위를 매긴다.

독해

핵심 체크

문단별 핵심 정리

핵심어를 넣어 각 문단의 중심 내용을 정리해 보자.

1문단 고대에서 현대까지 사람들은 1 [ ][ ] 에 관심을 기울여 왔다.

2문단 2 [ ][ ] 적 조건은 우리가 행복을 느끼고, 인간다운 삶을 살기 위해 필요하다.

3문단 3 [ ][ ] 적 조건을 충족하여 느끼는 행복은 삶을 풍요롭게 하고, 오래 느낄 수 있다.

4문단 우리가 진정으로 행복하기 위해서는 자신이 바라는 4 [ ][ ] 를 이루려고 노력하고, 다른 사람들과 함께 살아가야 한다.

핵심 내용 구조화

핵심 내용을 구조화하여 정리해 보자.

행복하기 위해 필요한 두 가지 조건

객관적 조건	정신적 조건
• 의식주, 1 [ ][ ], 지위 등 • 인간다운 삶을 유지하기 위한 기본 조건	• 마음의 평화, 보람, 성취감 등 • 우리 삶을 풍요롭게 만드는 조건
↓	↓
정신적 조건의 충족 없이 객관적 조건만으로는 행복할 수 없음.	우리 2 [ ] 전체를 통해 오래도록 느낄 수 있는 진정한 행복임.

주제 확인

빈칸에 알맞은 말을 써서 이 글의 주제를 완성해 보자.

진정한 [ ][ ] 을 이루기 위해서는 정신적 조건을 중시해야 하며, 자신이 바라는 가치를 이루고 다른 사람과 함께 살아가기 위해 노력해야 한다.

내용 확인

1 **'객관적 조건을 충족하며 느끼는 행복'에 대한 설명으로 적절한 것은?**

① 우리가 느낄 수 있는 진정한 행복이다.
② 우리 삶 전체에서 오래도록 느낄 수 있다.
③ 자신에 대한 불만이나 불안에서 느낄 수 있다.
④ 마음의 평화, 보람, 성취감 등을 통해 느낄 수 있다.
⑤ 인간다운 삶을 유지하는 조건을 충족할 때 느낄 수 있다.

내용 추론

2 **이 글의 내용을 바탕으로 할 때, 보기 의 '행복한 왕자의 동상'이 행복해진 이유를 추측한 내용으로 적절한 것은?**

보기

동화 『행복한 왕자』에서 어느 도시 광장에 서 있는 행복한 왕자의 동상은 도시를 내려다보며 가난하고 고통받는 사람들의 모습에 슬퍼한다. 그래서 동상은 제비에게 부탁해서 자신을 장식한 보석과 금을 사람들에게 나누어 주었다. 동상의 모습은 점점 볼품없어졌지만 그는 행복해했다.

① 자신의 행복에만 관심을 가졌다.
② 항상 어떻게 해야 행복할지 고민하였다.
③ 행복의 객관적 조건을 충족하는 일만 실천하였다.
④ 행복의 객관적 조건과 정신적 조건을 모두 충족하였다.
⑤ 행복의 정신적 조건을 추구하여 다른 사람들과 함께 살아갔다.

내용 비판

3 **㉠을 비판한 내용으로 적절한 것은?**

① 정신적 조건을 충족하여 얻는 행복을 오랫동안 느낄 수 있다.
② 정신적 조건을 충족하여 얻는 즐거움과 만족감이 진정한 행복이다.
③ 정신적 조건은 행복한 삶을 위해 추구해야 하는 궁극적인 목표이다.
④ 객관적 조건과 정신적 조건이 모두 충족되어야 행복하므로 둘 다 중요하다.
⑤ 정신적 조건이 충족되지 않으면 객관적 조건만으로는 행복을 이루기 어렵다.

사회

17 식량 문제 어떻게 해결할까

어휘 체크

뜻을 알고 있는 어휘에 V표를 해 보세요.

- 해소 □
- 임의 □
- 제한 □
- 개입 □
- 우선시 □

1 한자로 어휘 알기

한자와 어휘의 뜻을 읽고, 빈칸에 알맞은 어휘를 써 보자.

풀다 해 解 / 사라지다 소 消

뜻 어려운 일이나 문제가 되는 상태를 해결하여 없애 버림.

예 운동은 스트레스 1 ☐☐에 도움이 된다.

누르다 제 制 / 한계 한 限

뜻 일정한 한도를 정하거나 그 한도를 넘지 못하게 막음.

예 키에 따라 놀이 기구의 탑승을 2 ☐☐한다.

끼다 개 介 / 들다 입 入

뜻 자신과 직접적인 관계가 없는 일에 끼어듦.

예 선생님이 3 ☐☐하여 학생들의 다툼을 해결하였다.

넉넉하다 우 優 / 먼저 선 先 / 보다 시 視

뜻 다른 것보다 중요하게 보거나 일차적인 것으로 여김.

예 친구를 사귈 때 외모보다 성격을 4 ☐☐☐한다.

2 문장에서 어휘 알기

밑줄 친 어휘의 뜻으로 알맞은 것을 골라 보자.

- 그렇게 중요한 일을 네 임의대로 할 수는 없어.
- 언어는 사회적 약속이라서 한 사람이 언어의 뜻을 임의로 바꿀 수 없다.

① 앞으로 할 일을 미리 자세히 생각하여 정하는 것.
② 어떤 일이 있기 전에 미리 짐작하여 생각하는 것.
③ 일정한 기준이나 원칙 없이 자기 마음대로 정하는 것.

1문단 지구상의 자원은 고르게 분포되어 있지 않다. 어떤 지역에서는 특정 자원이 풍부하게 생산되지만, 다른 지역에서는 그 자원이 부족하거나 전혀 생산되지 않는다. 국가들은 이러한 자원 생산의 불균형을 무역을 통해 **해소**해 왔다. 그리고 기업들은 자유로운 무역 활동을 통해 자원들을 거래하고 있다. 식량 자원도 마찬가지이다. 그럼에도 불구하고 지금 이 순간에도 전 세계 인구 중에서 7억 명이 굶주리는 등 식량 자원 불균형 문제가 계속되고 있다.

2문단 현재 지구는 130억 명이 먹을 수 있는 식량을 생산할 능력이 있다. 현재 지구의 인구는 70억 명이므로, 모든 사람들에게 충분한 식량이 제공되어야 하고 식량 가격은 저렴해야 한다. 하지만 실제로는 그렇지 않다. 거대 곡물 기업들이 자신들이 최대의 이익을 얻을 수 있도록 곡물 생산량을 **임의**로 조절하여 거래하고 있기 때문이다. 이들은 수많은 사람들이 겪고 있는 식량 문제를 외면한 채 곡물을 가축용 사료로 팔기도 하고, 심지어 불태우기도 한다. 이로 인해 식량의 가격은 오르고, 비싼 가격에 식량을 수입할 수 없는 가난한 국가들은 계속 식량 부족에 허덕이게 되는 것이다.

3문단 최근 기후 변화 등으로 식량의 생산량이 줄어들자 곡물을 생산하는 국가들이 자신의 국민을 위해 식량의 수출을 **제한**하였다. 이렇게 되자 식량이 부족한 국가들은 식량을 수입하기가 더 어려워졌다. 선진국에서도 식량 자원을 보호하는 정책을 펴고 있다. 다른 국가에는 자유로운 무역 활동을 요구하면서도, 자신의 국가에서 생산되는 식량 자원과 관련해서는 정부가 식량 가격과 수출에 **개입**한다. 자국의 이익을 위해 국가들이 식량 문제에는 이중적인 태도를 보이는 것이다.

4문단 쌀, 밀, 옥수수 등과 같은 식량 자원은 사람이 살아가기 위한 필수 자원이다. 그렇기에 가격이 올라도 수요를 줄이기 어렵다. 이런 특성을 지닌 식량 자원의 불균형 문제는 국가나 기업의 자유로운 무역 활동만으로는 해소하기 힘들다. 국가나 기업이 자국의 이익과 기업의 이익을 **우선시**하기 때문이다. 따라서 식량 문제에 대한 국제 사회의 적극적인 개입이 절실하다. 이를 통해 식량 자원을 균형 있게 분배하고, 나아가 전 세계 사람들이 겪는 식량 문제를 해소해야 한다.

핵심 체크

문단별 핵심 정리

핵심어를 넣어 각 문단의 중심 내용을 정리해 보자.

1문단 ① ☐☐ 자원이 고르게 분포되지 않아서 식량 자원 불균형 문제가 계속되고 있다.

2문단 거대 곡물 기업들은 ② ☐☐을 위해 식량 자원의 생산량을 임의로 결정한다.

3문단 국가들이 자국의 이익을 위해 식량의 수출을 ③ ☐☐하기도 한다.

4문단 식량 문제에 대한 국제 사회의 적극적인 ④ ☐☐이 필요하다.

핵심 내용 구조화

핵심 내용을 구조화하여 정리해 보자.

현재 세계가 겪는 식량 문제

문제 상황	지구의 식량 생산 능력이 충분한데도 식량 자원 ① ☐☐☐ 문제가 계속되어 굶주리는 사람들이 많음.
문제 원인	• 거대 곡물 기업들: 기업의 이익을 위해 곡물 생산량을 임의로 조절함. • 식량을 수출하는 국가들과 선진국들: 자국의 이익을 위해 식량 가격과 수출에 개입하여 식량 자원을 ② ☐☐하는 정책을 펼침.
문제 해결 방법 (주장)	자유로운 ③ ☐☐ 활동을 통해서는 서로 식량 문제를 해소할 수 없으므로, 식량 문제에 국제 사회가 개입하여 이를 해결해야 함.

주제 확인

빈칸에 알맞은 말을 써서 이 글의 주제를 완성해 보자.

식량 자원의 불균형 문제를 해결하기 위해 ☐☐ 사회가 적극적으로 개입해야 한다.

내용 확인

1 이 글의 내용과 일치하는 것은?

① 기후의 변화로 인해 식량의 생산량이 늘어나고 있다.
② 지구상의 모든 자원은 전 지역에 고르게 분포되어 있다.
③ 현재 지구는 전체 인구가 먹을 식량을 생산할 능력이 없다.
④ 거대 곡물 기업들은 기업 이익을 위해 식량 문제를 외면하고 있다.
⑤ 쌀, 옥수수와 같은 식량 가격이 오르면 소비량을 줄여서 식량 가격을 낮추어야 한다.

내용 추론

2 글쓴이가 주장하는 문제 해결 방법으로 적절한 것은?

① 자유로운 무역을 통해서 식량 문제를 해결해야 한다.
② 곡물을 대신할 수 있는 새로운 식량 자원을 개발해야 한다.
③ 거대 곡물 기업을 식량 무역에 참여하지 못하도록 해야 한다.
④ 필수 자원인 식량 자원 문제는 국제 사회가 개입하여 해소해야 한다.
⑤ 각 국가에서 생산한 식량 자원은 그 국가에서만 소비하도록 해야 한다.

내용 비판

3 이 글을 읽고 보기의 A국가를 판단한 내용으로 적절하지 않은 것은?

A국가는 B국가와의 무역 협상에서 B국가의 농산물을 수입하지 않겠다는 조건을 내세웠다. 그리고 A국가의 기업들은 B국가에 농산물을 자유롭게 팔 수 있도록 농산물 시장을 개방할 것을 요구하였다.

① A국가는 B국가의 농산물 시장을 보호하기 위해 개방을 요구하였다.
② A국가는 자국과 타국의 농산물 시장에 대해 이중적인 태도를 보이고 있다.
③ A국가는 자국의 이익을 위해 B국가의 농산물을 수입하는 것을 거부하였다.
④ A국가는 B국가에게 농산물 시장을 기업의 자유 무역에 맡기라고 요구하였다.
⑤ A국가는 B국가의 농산물 수입을 막음으로써 자국의 농산물 시장을 보호하였다.

과학

18 물체를 띄우는 힘

어휘 체크

뜻을 알고 있는 어휘에 V표를 해 보세요.

- 떠받치다 □
- 작용 □
- 성질 □
- 조절 □
- 수심 □

1 한자로 어휘 알기

한자와 어휘의 뜻을 읽고, 빈칸에 알맞은 어휘를 써 보자.

일어나다 작 作 / 쓰다 용 用

뜻 어떠한 현상이나 행동을 생기게 함.

예 이 약은 상처를 소독하는 ① ☐☐을 한다.

성품 성 性 / 바탕 질 質

뜻 사물이나 현상이 가지고 있는 고유의 특징.

예 고무는 말랑말랑하고 부드러운 ② ☐☐이 있다.

고르다 조 調 / 마디 절 節

뜻 어떤 사정이나 조건에 알맞게 만듦.

예 책상 높이를 내 키에 맞게 ③ ☐☐하였다.

물 수 水 / 깊다 심 深

뜻 강이나 바다, 호수 따위의 물의 깊이.

예 이 강은 ④ ☐☐이 매우 깊다.

2 문장에서 어휘 알기

밑줄 친 어휘의 뜻으로 알맞은 것을 골라 보자.

- 그 건물은 네 개의 기둥이 지붕을 떠받치도록 지어졌다.
- 이 철탑은 너무 높아서 마치 하늘을 떠받치는 것처럼 보인다.

① 힘에 밀려 나아가게 되다.

② 머리나 뿔로 세게 밀어 부딪치다.

③ 주저앉거나 쓰러지지 않도록 밑에서 위로 받쳐 버티다.

1문단 우리가 바닷물에 들어가면 몸이 둥둥 뜨는 느낌을 받을 수 있다. 수영장에서 고무공을 가지고 놀 때도 둥둥 떠 있는 고무공을 물속으로 밀어 넣으려 할 때 굉장히 힘들었던 경험이 있을 것이다. 또한 물 밖에서 ㉠들기 어려운 무거운 물건도 물속에서는 쉽게 들 수 있다. 이런 현상이 일어나는 이유는 바로 물속에서는 액체나 기체가 물체를 위로 떠받치는 힘인 부력이 작용하기 때문이다.

2문단 부력은 물체를 물에 뜨게 한다. 하지만 모든 물체가 물에 뜨지는 않는다. 부력은 물체의 무게와 관계가 있다. 물체의 무게보다 부력이 크면 물체는 물에 뜬다. 반대로 물체의 무게보다 부력이 작으면 물체는 가라앉는다. 같은 크기의 나무와 쇠를 물에 넣으면 나무는 물에 뜨고, 쇠는 물속으로 가라앉게 되는 것이다.

3문단 물건의 무게 외에 부력과 관계 깊은 것은 물체의 부피이다. 쇳덩어리는 물에 가라앉지만 그 쇳덩어리를 얇게 펴서 넓적한 모양으로 만들면 물에 뜨게 된다. 그 이유는 쇳덩어리를 얇게 펴면 부피가 늘어나는데, 부피가 늘어나면 그만큼 부력도 커지기 때문이다. 배는 부력의 이러한 성질을 이용한 것이다. 배를 만드는 데 쓰이는 철과 같은 금속은 덩어리 상태로 물에 들어가면 가라앉는다. 그러나 배 모양으로 밑면을 넓게 만들어서 수면 아래에 잠기는 부분을 늘리면 부력이 커져서 배가 물 위에 뜨게 된다.

4문단 한편 자연에 사는 생물인 물고기에도 부력이 작용한다. 물고기는 부력을 조절하여 물속에서 움직인다. 물고기의 몸속에는 '부레'라는 공기 주머니가 있다. 부레에 공기를 넣어서 부레가 부풀면 물고기의 부피가 늘어나면서 부력이 커지고, 부레가 오그라들면 물고기의 부피가 줄어들면서 부력이 작아진다. 물고기는 이렇게 부레의 크기를 조절하면서 다양한 수심을 오가며 헤엄친다.

5문단 사람이 만든 잠수함도 부력을 조절하며 물속에서 움직인다. 잠수함에는 부력 탱크라는 커다란 통이 있다. 이 통에 바닷물을 넣거나 빼서 잠수함의 무게를 조절한다. 부력 탱크에 바닷물을 넣어 잠수함의 무게를 늘리면 잠수함은 가라앉고, 부력 탱크에서 바닷물을 빼서 잠수함의 무게가 가벼워지면 잠수함이 위로 뜨게 된다.

핵심 체크

문단별 핵심 정리

핵심어를 넣어 각 문단의 중심 내용을 정리해 보자.

1문단 물속에서는 액체나 기체가 물체를 위로 떠받치는 ❶ ☐ 인 부력이 작용한다.

2문단 부력은 물체의 ❷ ☐☐ 와 관련이 있다.

3문단 부력은 물체의 ❸ ☐☐ 와도 관련이 깊다.

4문단 물고기는 ❹ ☐☐ 의 크기를 변화시켜 부력을 조절하면서 물속에서 움직인다.

5문단 ❺ ☐☐☐ 은 부력 탱크의 무게를 변화시켜 부력을 조절하면서 물속에서 움직인다.

핵심 내용 구조화

핵심 내용을 구조화하여 정리해 보자.

부력의 작용에 영향을 미치는 요소

물체의 무게	물체의 부피
물체의 무게보다 부력이 ❶ ☐☐ 물체는 물에 뜸.	물체의 부피가 늘어나면 부력이 커져서 물체는 물에 뜸.
↕	↕
물체의 무게보다 부력이 작으면 물체는 물속에 가라앉음.	물체의 부피가 작아지면 부력이 ❷ ☐☐ ☐☐ 물체는 물속에 가라앉음.

주제 확인

빈칸에 알맞은 말을 써서 이 글의 주제를 완성해 보자.

액체나 기체가 물체를 위로 떠받치는 힘인 ☐☐ 은 물체의 무게와 부피에 영향을 받는다.

내용 확인

1 '부력'에 대해 논의한 내용으로 적절하지 않은 것은?

① 지우: 물체의 무게보다 부력이 작으면 물체는 물 위에 뜰 수 있어.
② 준호: 무게가 무거운 쇳덩어리라도 모양을 바꾸면 물 위에 뜰 수 있어.
③ 서연: 종이배가 물 위에서 둥둥 뜨는 이유는 부력이 작용하기 때문이야.
④ 유경: 물고기의 부레가 작아지면 물고기의 부피가 줄어들어서 더 깊은 물속으로 가라앉을 수 있어.
⑤ 현서: 잠수함의 부력 탱크에 바닷물을 채우면 잠수함의 무게가 무거워져서 더 깊은 물속으로 가라앉아.

내용 추론

2 실생활에서 부력의 원리를 잘못 활용한 것은?

① 가라앉는 배를 구조하기 위해 배에 실은 짐을 모두 내린다.
② 플라스틱 병을 물에 띄우기 위해 병 안에 모래를 가득 채운다.
③ 낚시를 할 때 가벼운 낚시찌를 물에 던진 후 움직임을 관찰한다.
④ 잠수부가 더 깊은 바다 속으로 잠수하기 위해 무거운 장비를 장착한다.
⑤ 물에 빠진 사람을 구조할 때 공기를 넣어 부풀린 구명조끼를 건네준다.

어휘 이해

3 ㉠'들다'와 뜻이 가장 가까운 것은?

① 설악산에 단풍이 들다.
② 대회에서 5등 안에 들다.
③ 남부 지방에 가뭄이 들다.
④ 역도 선수가 역기를 번쩍 들다.
⑤ 작년부터 일찍 일어나는 습관이 들다.

기술

19 고층 건물의 설계

어휘 체크

뜻을 알고 있는 어휘에 V표를 해 보세요.

- 하중 □
- 면적 □
- 균열 □
- 지탱 □
- 배치 □

1 한자로 어휘 알기

한자와 어휘의 뜻을 읽고, 빈칸에 알맞은 어휘를 써 보자.

메다 하 荷 / 무겁다 중 重

뜻 어떤 물체 따위의 무게.

예 작은 바퀴가 자동차의 ① □□을 견디지 못해 부서졌다.

모양 면 面 / 넓이 적 積

뜻 일정한 평면의 넓이.

예 우리 마을의 전체 ② □□의 반은 논이다.

버티다 지 支 / 버티다 탱 撐

뜻 무엇을 쓰러지지 않게 버티거나 떠받침.

예 식물의 뿌리는 줄기를 ③ □□하는 역할을 한다.

나누다 배 配 / 두다 치 置

뜻 사람이나 물건을 여러 곳에 알맞게 나누어 놓음.

예 방 안의 가구들을 사용하기 편리하게 ④ □□했다.

2 문장에서 어휘 알기

밑줄 친 어휘의 뜻으로 알맞은 것을 골라 보자.

- 가뭄이 들어 논바닥에 균열이 생겼다.
- 지은 지 오래된 건물 벽에 균열이 생겼다.

① 여러 쪽으로 갈라지는 것.
② 여럿의 정도나 크기가 모두 차이가 없이 같은 것.
③ 어느 한쪽으로 치우치거나 기울어지지 않은 상태.

1문단 하늘을 찌를 듯한 고층 건물을 이제 세계 여러 나라에서 자주 볼 수 있다. 사람들은 고층 건물이 많이 있는 나라가 발전된 나라라고 생각한다. 건축가들 또한 고층 건물을 '현대 건축의 꽃'이라고 말한다. 인간이 수천 년 동안 ⓐ터득한 지혜와 첨단 기술이 고층 건물의 구조에 담겨 있기 때문이다.

2문단 건물은 건물의 외부에서 작용하는 힘인 '외력'에 잘 견뎌야 한다. 그래야 건물의 형태를 ⓑ유지할 수 있으며 사람들이 안전하게 사용할 수 있다. 외력은 크게 **하중**과 바람이 있다. 하중은 건물의 자체 무게와 건물 안에 있는 시설물과 사람들의 무게를 말하는데, 이는 수직 방향의 힘이다. 건물이 높아질수록 하중은 더 증가하므로, 하중을 견디기 위해서는 맨 아래층의 **면적**을 가장 넓게 하고, 꼭대기로 갈수록 면적이 줄어들도록 ⓒ설계해야 한다. 또한 고층 건물은 꼭대기로 갈수록 주변에 장애물이 없기 때문에 바람의 힘을 직접적으로 더 크게 받게 된다. 바람은 수평 방향의 힘으로, 바람이 세게 불면 건물이 흔들리고, **균열**이 생기므로 바람의 힘에 잘 ⓓ저항하도록 설계해야 한다.

3문단 이러한 외력을 잘 견디는 고층 건물 구조 중에 하나로 '튜브 시스템'이 있다. 튜브 시스템은 키가 큰 나무에서 아이디어를 얻은 구조이다. 키가 큰 나무는 밑동이 넓고, 나무뿌리가 깊고 넓게 뻗어 있다. 그래서 키가 큰 나무는 나무 자체의 무거운 하중과 강한 바람에도 잘 넘어지지 않고 **지탱**할 수 있다. 튜브 시스템은 하중을 잘 견디기 위해 나무의 줄기와 ⓔ유사하게 건물을 원통형의 모양으로 하고, 건물 안쪽에는 수직 기둥을 만들어 세웠다. 나무와 다른 점은 가운데 부분을 비워 사람이 사용할 수 있는 공간을 만들었다는 것이다. 그리고 바람과 지진 등의 수평 방향의 힘을 잘 견디기 위해 튜브형의 구조로 건물 외관을 만들었다. 여의도에 있는 쌍둥이 빌딩이 튜브 시스템을 이용한 고층 건물에 해당한다.

4문단 튜브 시스템 구조는 고층 건물을 짓는 데 효과적이어서 기본적인 튜브 시스템에서 변화를 준 다양한 방법도 사용되고 있다. 건물 전체를 하나의 튜브로 만들어 외력에 저항하는 방법, 몇 개의 튜브를 묶은 형태, 그리고 튜브의 안쪽에 다시 튜브를 배치한 형태 등이 있다.

'수직'과 '수평'은 무엇일까? 수직은 땅의 겉부분이나 평평한 표면과 직각을 이룬 것이고, 수평은 지구 중력의 방향과 직각을 이루는 방향이다. 수직과 수평은 그 의미가 서로 반대이다.

독해

핵심 체크

문단별 핵심 정리

핵심어를 넣어 각 문단의 중심 내용을 정리해 보자.

1문단 1 ☐☐ 건물은 '현대 건축의 꽃'으로 첨단 기술을 잘 나타낸다.

2문단 고층 건물은 외력인 하중과 2 ☐☐을 잘 견디도록 설계해야 한다.

3문단 3 ☐☐을 잘 견디는 고층 건물 설계 기술로 튜브 시스템이 있다.

4문단 기본적인 4 ☐☐ 시스템에서 변화를 준 다양한 방법도 사용되고 있다.

핵심 내용 구조화

핵심 내용을 구조화하여 정리해 보자.

고층 건물의 설계 기술인 튜브 시스템

고층 건물을 설계할 때 고려해야 하는 외력	→	외력을 견디는 튜브 시스템의 특징
• 수직 방향의 힘인 1 ☐☐을 잘 견뎌야 함. • 수평 방향의 힘인 바람을 잘 견뎌야 함.	→	• 키가 큰 나무의 줄기처럼 건물을 2 ☐☐☐의 모양으로 하고, 건물 안쪽에 수직 기둥을 만들어 세워 하중을 견디게 함. • 건물 외관을 튜브형의 구조로 만들어 바람의 힘을 견디게 함.

주제 확인

빈칸에 알맞은 말을 써서 이 글의 주제를 완성해 보자.

고층 건물이 외력에 효과적으로 저항할 수 있게 하는 ☐☐ 시스템

내용 확인

1 이 글을 읽고 알 수 있는 내용이 아닌 것은?

① 외력의 의미와 종류
② 튜브 시스템의 구조
③ 튜브 시스템의 효과
④ 고층 건물 건축에 쓰이는 재료
⑤ 고층 건물을 설계할 때 고려할 점

내용 추론

2 이 글을 바탕으로 보기 의 건물에 대해 예상한 내용으로 적절한 것은?

이 건물은 지상 34층, 높이 143.87m의 고층 빌딩으로 튜브 시스템을 이용하여 지어졌다.

① 하중에 안정적으로 버틸 수 있도록 피라미드 모양일 거야.
② 튜브형 구조가 수직 방향의 힘에 저항하는 역할을 할 거야.
③ 하중을 견디기 위해 꼭대기의 면적을 아래층보다 넓게 했을 거야.
④ 건물 안쪽에 수직 기둥을 만들어 하중을 더 잘 견뎌 낼 수 있을 거야.
⑤ 튜브형 구조 때문에 사람이 사용할 수 있는 공간은 건물의 바깥쪽뿐일 거야.

어휘 이해

3 다음 중 ⓐ~ⓔ의 뜻으로 적절하지 않은 것은?

① ⓐ 터득: 어떤 이치를 깨달아서 스스로 알게 됨.
② ⓑ 유지: 어떤 상태나 현상을 그대로 이어 가거나 계속함.
③ ⓒ 설계: 건설·공사 등에 관하여 자세하게 그림과 설명으로 나타낸 계획.
④ ⓓ 저항: 성질·위치·방향 등이 서로 완전히 다른 것.
⑤ ⓔ 유사: 무엇과 비슷함.

예술

20 발레의 시대적 변화

어휘 체크

뜻을 알고 있는 어휘에 V표를 해 보세요.

- 유래 □
- 서정적 □
- 낭만적 □
- 돋보이다 □
- 도약 □

1 한자로 어휘 알기

한자와 어휘의 뜻을 읽고, 빈칸에 알맞은 어휘를 써 보자.

말미암다 유 由
오다 래 來

뜻 어떤 것이 전부터 전해 내려오는 것. 또는 그 전해져 온 역사.

예 이 민속 행사는 신라 때 1 ☐☐ 된 것이다.

표현하다 서 抒
뜻 정 情
~하는 것 적 的

뜻 감정을 듬뿍 담고 있는 것.

예 나는 아름답고 2 ☐☐☐ 인 가사를 담고 있는 노래를 즐겨 듣는다.

물결 낭 浪
가득하다 만 漫
~하는 것 적 的

뜻 감미롭고 감상적인 것.

예 우리는 한여름 밤 바닷가에서 빛나는 별들을 바라보면서 여유롭고 3 ☐☐☐ 인 시간을 보냈다.

뛰다 도 跳
뛰다 약 躍

뜻 몸을 날려 위로 뛰어오르는 것.

예 높이뛰기 선수가 힘차게 4 ☐☐ 하였다.

2 문장에서 어휘 알기

밑줄 친 어휘의 뜻으로 알맞은 것을 골라 보자.

- 빛나는 왕관을 쓴 여왕은 무리 중에서 제일 돋보였다.
- 축구 경기에서 가장 돋보인 선수는 우리나라 선수였다.

① 어떤 상태나 환경에 휩싸이다.
② 여럿 중에서 훌륭하거나 뛰어나 도드라져 보이다.
③ 속에 생긴 것이 겉으로 또렷이 나오거나 나타나다.

1문단 '발레'라는 단어는 '춤을 추다'라는 의미의 이탈리아어 '발라레(ballare)'에서 유래되었다. 이러한 유래에서 알 수 있듯이 발레는 원래 이탈리아의 귀족들이 궁궐에서 추던 춤이었는데, 16세기 후반에 이탈리아 공주가 프랑스 왕가의 인물과 결혼하면서 프랑스에 소개되었다. 이후에 그 춤이 프랑스 궁궐에서도 활발하게 공연되었고, 그 과정에서 오늘날 우리가 감상하는 공연 예술로서의 발레로 발전하게 되었다. 일반적으로 발레는 낭만 발레, 고전 발레, 모던 발레로 나뉜다. 각 발레는 줄거리, 무대와 춤 동작, 남녀 무용수의 역할, 의상 등에서 차이가 있다.

2문단 19세기 초 프랑스에서 기틀이 만들어진 낭만 발레는 평화롭고 서정적인 분위기의 무대를 배경으로 요정을 사랑한 인간, 시골 처녀의 슬픈 사랑과 같은 낭만적인 줄거리를 주로 공연했다. 낭만 발레의 공연은 어둑한 조명 아래 창백하고 가녀린 요정들이 공중을 떠다니듯이 춤추는 환상적이고 신비로운 장면으로 이루어져, 주인공인 여성 무용수를 돋보이게 하는 동작이 중심이 되었다. 중심인물 역시 여성 무용수이고, 남성 무용수는 보통 여성 무용수를 들어 올렸다 내리거나 여성 무용수가 회전할 때 중심을 잡아 주는 보조적인 역할만을 맡았다. 요정들이 둥둥 떠다니는 듯한 느낌을 주기 위해 발끝을 곧게 세우고 춤을 추는 '포인트 동작'이 등장했고, 여성 무용수는 여러 겹으로 되어 하늘하늘하고 길이가 발목까지 오는 스커트인 ㉠'로맨틱 튀튀'를 입었다. 이를 통해 환상적인 분위기를 자아냈다.

3문단 19세기 후반 유럽에서 낭만 발레의 인기가 시들해지는 가운데, 러시아에서 고전 발레가 시작되었다. 고전 발레는 낭만 발레와 마찬가지로 전설이나 동화를 바탕으로 한 낭만적인 줄거리를 지녔다. 하지만 낭만 발레와는 달리 화려하고 입체적인 무대 장치를 배경으로 하여 틀이 고정된 아름다움을 표현했다. 무용수의 화려한 기술을 다양하게 보여 주기 위해 일정한 규칙과 순서가 생겼고, 섬세하고 정확한 동작을 바탕으로 춤이 정해졌다. 남성 무용수도 다양한 기술을 보여 주는 무대의 주인공이 될 수 있었고, 여성 무용수는 짧고 뻣뻣한 ㉡'클래식 튀튀'를 주로 입어서 화려한 발동작이나 도약, 회전 등이 잘 보이도록 다리를 드러냈다.

4문단 20세기에는 고전 발레의 고정된 틀에서 벗어난 모던 발레가 등장하였다. 모던 발레는 특별한 줄거리 없이 어떤 장면의 이미지나 주제를 무용수의 움직임 자체로 표현한다. 정해진 줄거리가 없기 때문에 남성 무용수와 여성 무용수의 역할이 따로 나누어지지 않았고, 다양한 동작과 몸의 선이 지닌 본래의 아름다움을 잘 보여 주기 위해 무대 장치나 의상도 점점 깔끔하고 간단해졌다.

독해 핵심 체크

문단별 핵심 정리

핵심어를 넣어 각 문단의 중심 내용을 정리해 보자.

1문단 ① □□는 귀족들의 춤에서 낭만 발레, 고전 발레, 모던 발레의 공연 예술이 되었다.

2문단 19세기 초의 ② □□ 발레는 서정적인 무대에서 낭만적인 줄거리를 공연했다.

3문단 19세기 후반의 ③ □□ 발레는 화려한 무대에서 낭만적인 줄거리를 공연했다.

4문단 20세기의 ④ □□ 발레는 특별한 줄거리 없이 무용수의 움직임으로 주제를 표현했다.

핵심 내용 구조화

핵심 내용을 구조화하여 정리해 보자.

시대 흐름에 따른 발레의 변화

19세기 초 낭만 발레	• 줄거리: 낭만적인 내용임. • 무대: 평화롭고 ① □□□인 분위기임. • 무용수의 역할: 여성 무용수가 중심인물, 남성 무용수가 보조적 역할을 함.

↓

19세기 후반 고전 발레	• 줄거리: 낭만적인 내용임. • 무대: ② □□하고 입체적임. • 무용수의 역할: 남성 무용수도 중심인물이 될 수 있음.

20세기 모던 발레	• 줄거리: 특별한 줄거리 없이 이미지나 주제를 표현함. • 무대: 깔끔하고 ③ □□함. • 무용수의 역할: 여성 무용수와 남성 무용수의 역할이 따로 나뉘지 않음.

주제 확인

빈칸에 알맞은 말을 써서 이 글의 주제를 완성해 보자.

발레는 궁궐에서 귀족들이 추던 춤에서 □□의 흐름에 따라 낭만 발레, 고전 발레, 모던 발레로 발전하며 공연 예술로 자리 잡았다.

정답과 해설 30쪽

내용 확인

1 이 글의 내용과 일치하지 않는 것은?

① 발레는 원래 귀족들이 추던 춤이었다.
② 낭만 발레의 중심인물은 남성 무용수였다.
③ 고전 발레에는 일정한 규칙과 순서가 있었다.
④ 낭만 발레의 무대는 서정적인 분위기를 지녔다.
⑤ 모던 발레의 무대 장치나 의상은 깔끔하고 간단했다.

내용 추론

2 ㉠'로맨틱 튀튀'와 ㉡'클래식 튀튀'를 비교한 내용으로 가장 적절한 것은?

① ㉠은 여성 무용수를 돋보이게 하고, ㉡은 남성 무용수를 돋보이게 한다.
② ㉠은 환상적인 분위기를 만들고, ㉡은 무용수의 발동작을 잘 보여 준다.
③ ㉠은 신비로운 장면을 만들고, ㉡은 어떤 장면의 이미지나 주제를 표현한다.
④ ㉠은 위로 뛰어오르는 동작에 어울리고, ㉡은 발끝을 곧게 세우는 동작에 어울린다.
⑤ ㉠은 몸의 선이 지닌 본래의 아름다움을 잘 보여 주고, ㉡은 요정들이 떠다니는 듯한 느낌을 준다.

내용 추론

이 글을 읽은 독자가 보기의 밑줄 친 작품에 보인 반응으로 가장 적절한 것은?

안무가 장 크리스토프 마이요의 「도베 라 루나」는 '달은 어디에'라는 뜻을 지닌 발레 작품이다. 이 작품은 정해진 줄거리 없이 삶과 죽음의 의미를 달빛과 무용가의 몸짓으로만 표현하고 있다. 무대 역시 특별한 장치 없이 빛과 그림자의 대비만으로 꾸며진다.

① 환상적이고 신비로운 장면으로 이루어진 낭만 발레구나.
② 무용수의 화려한 기술을 다양하게 보여 주는 고전 발레구나.
③ 화려하고 입체적인 무대 장치를 배경으로 한 고전 발레구나.
④ 평화로운 분위기 속에서 낭만적인 줄거리가 펼쳐지는 모던 발레구나.
⑤ 정해진 줄거리 없이 주제를 무용수의 움직임 자체로 표현한 모던 발레구나.

어휘로 마무리 4주차

어휘 review

배운 어휘를 떠올리며 뜻을 아는 어휘에 V표를 해 보자.

16 학습 어휘

- □ 궁극적 □ 의식주
- □ 몰두 □ 풍요
- □ 중시

17 학습 어휘

- □ 해소 □ 임의
- □ 제한 □ 개입
- □ 우선시

18 학습 어휘

- □ 떠받치다 □ 작용
- □ 성질 □ 조절
- □ 수심

19 학습 어휘

- □ 하중 □ 면적
- □ 균열 □ 지탱
- □ 배치

20 학습 어휘

- □ 유래 □ 서정적
- □ 낭만적 □ 돋보이다
- □ 도약

문제로 어휘 확인하기

1 다음 뜻을 참고하여 알맞은 어휘를 쓰시오.

1 강의 [ㅅ][ㅅ]이 깊으니 조심해야 한다. (　　　　)
강이나 바다, 호수 따위의 물의 깊이.

2 그는 자신보다 남을 더 [ㅇ][ㅅ][ㅅ]했다. (　　　　)
다른 것보다 중요하게 보거나 일차적인 것으로 여김.

3 두 사람은 바둑에 [ㅁ][ㄷ]하느라 시간 가는 줄 몰랐다.
어떤 일에 온 정신을 다 기울여 열중함. (　　　　)

4 곳곳에 [ㅂ][ㅊ]된 기둥이 지붕의 무게를 [ㅈ][ㅌ]하고 있다.
사람이나 물건을 여러 곳에 알맞게 나누어 놓음. / 무엇을 쓰러지지 않게 버티거나 떠받침.
(　　　　,　　　　)

5 배의 적정 [ㅎ][ㅈ]에 맞게 화물의 양을 [ㅈ][ㅈ]하여 싣는다.
어떤 물체 따위의 무게. / 어떤 사정이나 조건에 알맞게 만듦.
(　　　　,　　　　)

2 다음 뜻을 보고 보기에서 알맞은 어휘를 찾아 쓰시오.

보기: 임의 해소 궁극적 낭만적 의식주 돋보이다 떠받치다

1 감미롭고 감상적인 것. (　　　　)

2 옷과 음식과 집을 통틀어 이르는 말. (　　　　)

3 더할 나위 없는 정도에 도달하는 것. (　　　　)

4 여럿 중에서 훌륭하거나 뛰어나 도드라져 보이다. (　　　　)

5 일정한 기준이나 원칙 없이 자기 마음대로 정하는 것. (　　　　)

6 주저앉거나 쓰러지지 않도록 밑에서 위로 받쳐 버티다. (　　　　)

7 어려운 일이나 문제가 되는 상태를 해결하여 없애 버림. (　　　　)

3 빈칸에 들어갈 알맞은 어휘를 찾아 선으로 이으시오.

1 들판의 곡식들이 [ ]롭게 익었다. • • 풍요

2 기름은 물과 섞이지 않는 [ ]이 있다. • • 개입

3 이 마을의 이름은 오래전부터 전해진 전설에서 [ ]되었다. • • 성질

4 지구 온난화로 갯벌의 [ ]이 줄어들고 있다. • • 면적

5 고양이가 껑충 [ ]해서 지붕 위로 올라갔다. • • 유래

6 경찰이 적극적으로 [ ]해서 사건을 빠르게 해결했다. • • 도약

4 다음 문장 중 밑줄 친 어휘가 잘못 쓰인 것은?

① 담벼락에 균열이 생겨 수리하였다.
② 나는 요리할 때 모양보다 맛을 중시한다.
③ 새로 나온 노래는 서정적인 가사가 인상적이다.
④ 전학을 가게 된 영호는 아쉬워하며 친구들과 작용했다.
⑤ 이 도로에서는 사고 예방을 위해 속도를 제한하고 있다.

MEMO

초등 수능 독해

비문학 시작편 2

정답과 해설

책 속의 가접 별책 (특허 제 0557442호)

해설'은 본책에서 쉽게 분리할 수 있도록 제작되었으므로
정에서 분리될 수 있으나 파본이 아닌 정상제품입니다.

visang

ABOVE IMAGINATION

우리는 남다른 상상과 혁신으로
교육 문화의 새로운 전형을 만들어
모든 이의 행복한 경험과 성장에 기여한다

초등

수능 독해

비문학 | 시작편 2

정답과 해설

독해력 가이드

		1주차		
		문제 유형	문제 정답	맞은 문제
인문	1	내용 확인	① ② ③ ④ **5**	
	2	내용 추론	① **2** ③ ④ ⑤	
	3	내용 추론	① **2** ③ ④ ⑤	
사회	1	내용 확인	① ② **3** ④ ⑤	
	2	내용 추론	① ② ③ ④ **5**	
	3	내용 비판	① ② ③ **4** ⑤	
과학	1	내용 확인	① ② ③ **4** ⑤	
	2	내용 추론	① ② **3** ④ ⑤	
	3	어휘 이해	① **2** ③ ④ ⑤	
기술	1	내용 확인	① ② **3** ④ ⑤	
	2	내용 확인	① ② **3** ④ ⑤	
	3	내용 추론	① ② ③ **4** ⑤	
예술	1	내용 확인	① ② ③ ④ **5**	
	2	내용 추론	① ② ③ ④ **5**	
	3	어휘 이해	① ② **3** ④ ⑤	
맞은 문제 개수			/ 15	

		2주차		
		문제 유형	문제 정답	맞은 문제
인문	1	내용 확인	① ② **3** ④ ⑤	
	2	내용 추론	**1** ② ③ ④ ⑤	
	3	내용 비판	① ② ③ ④ **5**	
사회	1	내용 확인	① ② ③ ④ **5**	
	2	내용 확인	① **2** ③ ④ ⑤	
	3	내용 비판	**1** ② ③ ④ ⑤	
과학	1	내용 확인	① ② ③ ④ **5**	
	2	내용 추론	① ② ③ **4** ⑤	
	3	어휘 이해	① ② ③ **4** ⑤	
기술	1	내용 확인	① ② ③ ④ **5**	
	2	내용 확인	**1** ② ③ ④ ⑤	
	3	내용 추론	① ② **3** ④ ⑤	
예술	1	내용 확인	① ② **3** ④ ⑤	
	2	내용 추론	① ② ③ ④ **5**	
	3	어휘 이해	① ② ③ ④ **5**	
맞은 문제 개수			/ 15	

내가 많이 틀린 문제의 유형을 확인하고, step 2 독해력 코칭(4~7쪽)에서 문제 유형에 맞는 독해 방법을 알아보세요.

step 1 독해력 체크

① 맞은 문제와 틀린 문제를 체크해서, 맞은 문제 칸에 O표와 X표로 표시하세요.

② 내용 확인, 내용 추론, 내용 비판, 어휘 이해 중에서 어떤 문제를 많이 틀렸는지 확인해 보세요.

step 2 독해력 코칭

문제 유형에 따라 지문을 읽는 방법, 문제를 푸는 방법을 알아보세요.

		3주차		
		문제 유형	문제 정답	맞은 문제
인문	1	내용 확인	⑤	
	2	내용 추론	①	
	3	내용 비판	④	
사회	1	내용 확인	⑤	
	2	내용 추론	⑤	
	3	내용 확인	②	
과학	1	내용 확인	②	
	2	내용 확인	⑤	
	3	내용 추론	④	
기술	1	내용 확인	④	
	2	내용 추론	①	
	3	내용 비판	④	
예술	1	내용 확인	②	
	2	내용 추론	④	
	3	어휘 이해	①	
맞은 문제 개수		/ 15		

		4주차		
		문제 유형	문제 정답	맞은 문제
인문	1	내용 확인	⑤	
	2	내용 추론	⑤	
	3	내용 비판	④	
사회	1	내용 확인	④	
	2	내용 추론	④	
	3	내용 비판	①	
과학	1	내용 확인	①	
	2	내용 추론	②	
	3	어휘 이해	④	
기술	1	내용 확인	④	
	2	내용 추론	④	
	3	어휘 이해	④	
예술	1	내용 확인	②	
	2	내용 추론	②	
	3	내용 추론	⑤	
맞은 문제 개수		/ 15		

독해력 가이드

✔ 비문학을 독해하는 능력

글 한 편에는 많은 정보가 담겨 있습니다. 글을 이해하기 위해서는 정보를 확인하고, 정보 속에 감춰진 내용을 추론하고, 정보에 대한 비판적 질문을 하며 읽어야 합니다. 비문학 독해를 잘하려면 다음 세 가지 독해 능력을 골고루 갖춰야 합니다. 그리고 어휘력은 독해 능력 이전에 갖춰야 하는 기본적·필수적 능력입니다.

비판적 독해
사실적 독해와 추론적 독해를 바탕으로 타당성과 적절성을 따지며 읽는 능력
- 핵심 능력: 비판 능력, 문제 해결 능력
- 문제 유형: 내용 비판 문제

추론적 독해
글의 내용과 배경지식을 바탕으로 의미를 재구성하며 읽는 능력
- 핵심 능력: 추론 능력, 적용 능력, 분석 능력
- 문제 유형: 내용 추론 문제

사실적 독해
글의 특성을 이해하고 글의 내용을 사실 그대로 파악하며 읽는 능력
- 핵심 능력: 정보 이해 능력, 정보 확인 능력
- 문제 유형: 내용 이해 문제

어휘력
어휘의 뜻을 알고, 문장 안에서의 역할과 의미를 파악하는 능력

1 내용 확인 문제를 많이 틀렸다면!

내용 확인 문제는 지문에 나온 정보를 확인하고, 정보가 어떤 순서로 나타나는지를 파악하는 문제입니다. 그래서 내용 확인 문제는 글을 읽으며 글의 정보를 이해하고 파악하는 사실적 독해가 잘 이루어졌는지 평가합니다.

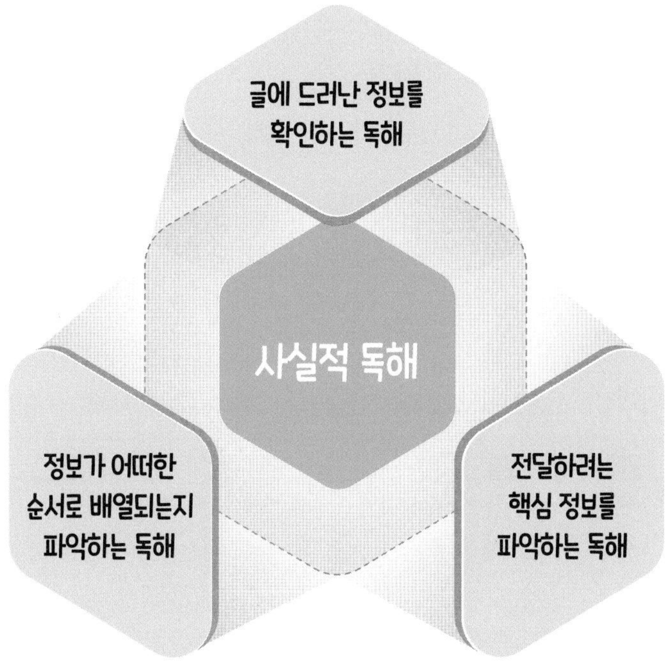

사실적 독해를 잘 하려면?

- 빨리 읽는 것보다 정확하게 읽는 습관을 가져요.
- 글을 읽으면서 핵심어, 문단의 중심 문장을 표시하며 읽어요.
- 글을 다 읽고 표시한 내용을 중심으로 보면서 글 전체의 주제를 파악해요.
- 글의 내용을 그대로 이해하는 것이 중요하니, 내용에 대한 자기 생각이나 판단을 넣지 않아요.

내용 확인 문제를 잘 풀려면?

- 선택지 내용과 지문에 나온 정보를 꼼꼼하게 비교해요.
- 지문에서 대상을 설명하기 위해 어떤 전개 방식을 사용하고 있는지 파악해요.

❷ 내용 추론 문제를 많이 틀렸다면!

내용 추론 문제는 지문에 나온 정보를 바탕으로 글에서 생략된 내용을 짐작하는 문제입니다. 내용 추론 문제는 글에 제시된 정보를 바탕으로 새로운 정보를 이끌어 내는 추론적 독해가 잘 이루어졌는지 평가합니다.

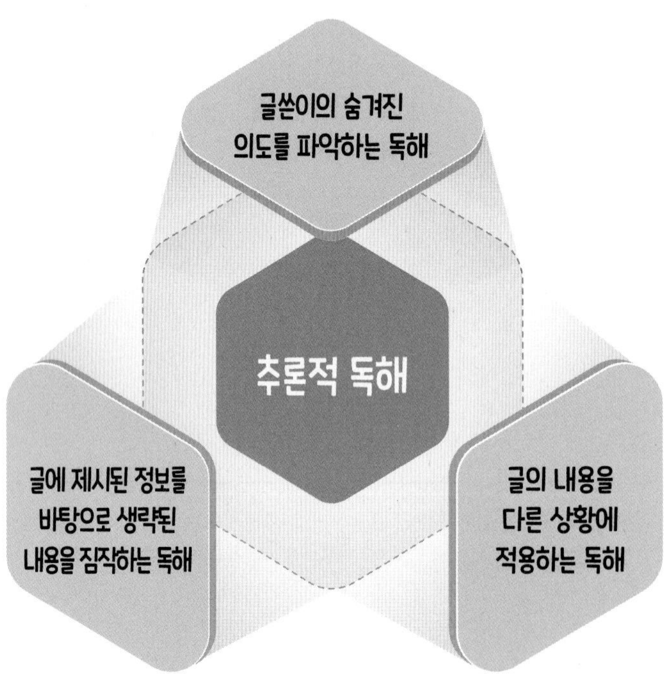

추론적 독해를 잘 하려면?

- 배경지식을 활용해서 글의 정보와 관련된 내용을 떠올리며 읽어요.
- 글의 앞뒤에 들어갈 수 있는 내용이 무엇일지 생각하며 읽어요.
- 글쓴이의 입장을 파악하고, 글쓴이가 어떤 태도를 지녔는지 생각하며 읽어요.
- 글을 쓴 동기, 목적, 글을 통해 얻고자 하는 효과가 무엇인지 파악하며 읽어요.

내용 추론 문제를 잘 풀려면?

- 문제에서 묻고 있는 추론의 대상이 무엇인지 파악해요.
- 지문의 정보를 참고하여 선택지에서 추론한 내용이 올바른지 판단해요.

3 내용 비판 문제를 많이 틀렸다면!

내용 비판 문제는 지문에 나온 정보와 글쓴이의 관점을 비판적으로 판단하는 문제입니다. 내용 비판 문제는 글에 제시된 정보의 타당성과 공정성을 판단하며 읽는 **비판적 독해**가 잘 이루어졌는지 평가합니다.

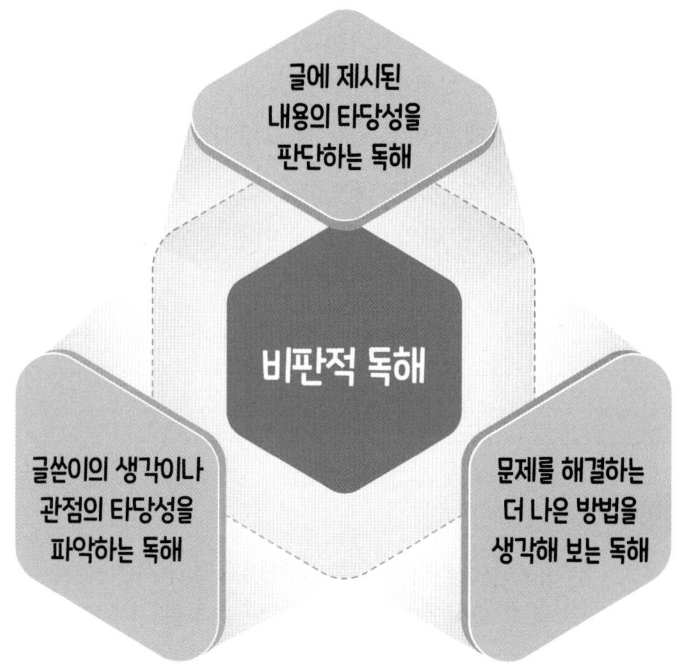
글에 제시된
내용의 타당성을
판단하는 독해
비판적 독해
글쓴이의 생각이나
관점의 타당성을
파악하는 독해
문제를 해결하는
더 나은 방법을
생각해 보는 독해

비판적 독해를 잘 하려면?

* 글쓴이가 어떤 입장과 관점에서 글을 쓰는지 파악하며 읽어요.
* 글에 나타난 주장과 근거의 관계가 타당한지 판단하며 읽어요.
* 글의 부분 내용과 전체 내용의 연관성이 올바른지 파악하며 읽어요.
* 글에는 드러나지 않은, 다양한 관점을 떠올리며 읽어요.

내용 비판 문제를 잘 풀려면?

* 선택지에 제시된 주장과 근거의 연관성을 확인해요.
* 선택지가 타당한 기준에서 지문의 내용을 비판하고 있는지 판단해요.

01 외국에서 들어온 작물

어휘 체크 10쪽

1 ① 작물 ② 전래 ③ 원산지 ④ 확산

2 ①

2 두 문장 모두 '재배'의 뒤에 '채소'나 '딸기'라는 농작물이 있는 것으로 보아 농작물을 가꾼다는 의미를 담고 있음을 짐작할 수 있다. '재배'는 '심다 재(栽), 북을 돋우다 배(培)'가 쓰인 말로 식물을 심어 가꾼다는 뜻이다. ②는 '성숙', ③은 '성장'의 뜻이다.

독해 핵심 체크 12쪽

문단별 핵심 정리

① 채소 ② 김치 ③ 구황 ④ 북부 ⑤ 외국

핵심 내용 구조화

① 일본 ② 부산 ③ 고구마

주제 확인

조선

문단별 핵심 정리 1문단에서는 조선 시대에 중남미에서 전래된 채소를, 2문단에서는 고추의 전래 시기와 과정을, 3문단에서는 고구마의 전래 시기와 과정을, 4문단에서는 감자의 전래 시기와 과정을, 5문단에서는 외국에서 들어와 현재까지 다양하게 쓰이고 있는 채소에 대해 설명하고 있다.

핵심 내용 구조화 2~4문단에서 고추, 고구마, 감자가 우리 땅에 들어온 시기와 과정, 이후 우리의 식생활에 미친 영향에 대해 설명하고 있다.

주제 확인 이 글에서는 조선 시대에 중남미에서 들어와 오늘날까지 우리의 식생활에 영향을 미친 채소인 고추, 고구마, 감자를 설명하였다.

문제 정답 및 해설 13쪽

1 ⑤

1 2문단에 의하면 고추가 들어오기 전까지 김치는 소금에 절여 발효시킨 형태로 흰색이었다. 이후 김치에 고추를 사용하게 되면서 오늘날과 같이 붉은색으로 바뀌었다.

2 ②

2 이 글은 외국에서 감자 등의 채소가 들어온 과정을 설명하고 있으며, 우리 고유의 음식과 외국에서 들어온 음식을 비교하는 내용은 나타나 있지 않다.

오답인 이유

❶ 3문단에서 고구마는 18세기에 일본을 거쳐 우리나라에 들어왔다고 하였으므로 고구마는 우리나라보다 일본에 먼저 전래됐음을 알 수 있다.
❸ 5문단에서 호박, 토마토 등도 외국에서 들어왔다고 하였다.
❹ 4문단에서 감자는 날씨가 춥고 땅이 기름지지 않아도 잘 자라 우리나라에서 날씨가 비교적 추운 북부와 동부 지방을 중심으로 빠르게 퍼졌다고 하였다.
❺ 1문단에서 조선 시대에 고추, 고구마, 감자가 중남미에서 전래된 기록을 찾을 수 있다고 하였으므로 우리나라 사람들은 조선 시대부터 고추, 고구마, 감자를 먹었음을 알 수 있다.

3 ②

3 중남미에서 전래된 고추, 고구마, 감자가 우리나라에 들어온 시기와 과정, 그리고 우리 음식에 미친 영향을 설명하는 글을 읽은 후 쓴 독서 감상문이다. 이와 관련한 내용인 '우리의 식탁을 채운 외국에서 들어온 채소'가 독서 감상문의 제목으로 적절하다.

02 지구 온난화의 위협

사회

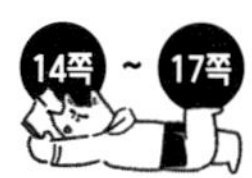

14쪽 ~ 17쪽

어휘 체크 14쪽

1 ① 대응 ② 위협 ③ 이변 ④ 순환

2 ③

2 나무를 많이 심는 것은 산사태를 막기 위해서이고, 시시 티브이를 설치하는 것은 도난 사고를 막기 위해서이므로 '방지'는 어떤 일을 막는다는 뜻임을 짐작할 수 있다. '방지'는 '막을 방(防), 그치다 지(止)'가 쓰여 어떤 일이나 현상을 일어나지 못하게 막는다는 뜻이다. ①은 '권장', ②는 '방해'의 뜻이다.

독해 핵심 체크 16쪽

문단별 핵심 정리

① 지구 ② 해수면 ③ 기상 ④ 생태계 ⑤ 국제

문단별 핵심 정리 1문단에서 지구 온난화라는 문제 상황을 밝히고, 2~4문단에서 지구 온난화로 해수면 상승, 기상 이변, 생태계 변화가 일어나 인류의 생존이 위협받고 있다는 근거를 제시하였다. 5문단에서 지구 온난화를 막기 위해 무엇을 해야 할지 글쓴이의 주장을 펼치고 있다.

핵심 내용 구조화

① 온실가스 ② 섬나라 ③ 먹거리

핵심 내용 구조화 먼저 지구 온난화라는 문제 상황을 밝히고, 지구 온난화로 인해 발생하는 문제점이 인류의 생존을 위협한다는 점을 근거로 들었다. 글의 마지막에서 이러한 문제점을 해결하기 위해 국제 사회가 협력해야 한다는 주장을 펼쳤다.

주제 확인

지구 온난화

주제 확인 글쓴이는 지구 온난화가 우리의 삶을 위협하고 있는 전 지구적 문제임을 밝히며, 국제 사회가 협력하여 지구 온난화를 막기 위해 노력하자고 하였다.

문제 정답 및 해설 17쪽

1 ③

1 이 글을 통해 지구 온난화는 화석 연료를 많이 사용하는 국가는 물론, 전 세계에 피해를 주는 현상임을 알 수 있다.

2 ⑤

2 글쓴이는 지구 온난화로 발생하는 문제점을 이야기하며, 국제 사회가 온실가스를 줄이자고 협약을 맺은 것 외에도 더 적극적으로 문제 해결을 위해 협력해야 한다는 주장을 펼치고 있다.

3 ④

3 이 글과 보기를 통해 석유 등의 화석 연료를 사용할 때 온실가스인 이산화 탄소가 발생됨을 알 수 있다. 그러므로 화석 연료 사용을 늘려야겠다는 ④와 같은 반응은 적절하지 않다.

오답인 이유

❶ 보기에서 일상생활에서 쓰이는 상품을 만들 때 이산화 탄소가 발생한다고 하였다. 만들어질 때, 이산화 탄소가 적게 발생한 물건을 사용하면 지구 온난화 방지에 도움이 된다.

❷ 보기에서 메탄이 음식물 쓰레기가 부패할 때 발생한다고 하였다. 음식물 쓰레기를 줄이면 온실가스인 메탄의 발생이 줄어든다.

❸ 보기에서 식물이 이산화 탄소를 흡수한다고 하였다. 숲은 이산화 탄소를 흡수해서 온실 효과를 줄이는 데 도움을 준다.

❺ 보기에서 이산화 탄소와 메탄은 대표적인 온실가스라고 하였다. 온실가스를 줄이면 지구의 평균 기온이 급격히 상승하는 지구 온난화를 막을 수 있다.

과학

03 대륙의 이동

어휘 체크 18쪽

1 ① 해안선
② 대륙
③ 거대
④ 지각

2 ①

2 첫 번째 문장에서는 자동차가, 두 번째 문장에서는 의견이 맞부딪쳤음을 짐작할 수 있다. '충돌'은 '부딪치다 충(衝), 부딪치다 돌(突)'이 쓰여 서로 맞부딪치거나 맞선다는 의미이다. ②는 '충고'의 뜻, ③은 '수리'의 뜻이다.

독해 핵심 체크 20쪽

문단별 핵심 정리

1 이동설　2 판
3 이동　4 미래

핵심 내용 구조화

1 베게너　2 판 구조론
3 맨틀

주제 확인

대륙

문단별 핵심 정리 1문단에서는 베게너의 대륙 이동설을 소개하였다. 2문단에서는 판 구조론의 개념을, 3문단에서는 판이 이동하면서 생기는 현상을 설명하였다. 4문단에서는 미래의 지구의 모습을 설명하였다.

핵심 내용 구조화 베게너의 대륙 이동설과 판 구조론을 바탕으로 판의 정의, 판의 이동 원리와 판의 이동으로 생기는 현상을 설명하였다.

주제 확인 이 글에서는 대륙 이동설과 판 구조론을 설명하며, 현재에도 판이 계속 움직이면서 대륙과 해양의 모양을 바꾸고 있다고 하였다. 그리고 이를 바탕으로 미래의 지구의 모습은 현재와 다를 것이라고 예측하고 있다.

문제 정답 및 해설 21쪽

1 ④

1 3문단에 하나의 대륙이었던 판게아가 지금과 같이 여러 대륙으로 쪼개지는 데 2억 년이 넘게 걸렸다는 내용이 제시되어 있지만, 판게아가 형성되는 데 걸린 시간에 대한 정보는 제시되어 있지 않다.

2 ③

2 1문단에 의하면 아프리카 서해안과 남아메리카 동해안은 해안선의 모양과 발견되는 화석의 종류가 비슷했다. 이를 통해 두 대륙이 과거에 붙어 있다가 판의 이동으로 갈라지고 이동하여 현재 모습이 되었음을 추측할 수 있다.

오답인 이유

❶ 2문단에서 판은 대륙 지각을 포함하는 암석층임을 알 수 있다. 따라서 판이 움직이면 대륙 지각도 같은 방향으로 함께 움직인다.

❷ 3문단에서 판은 일 년에 대략 수 센티미터 정도로 느리게 이동한다는 사실을 알 수 있을 뿐, 판이 이동하는 속도가 느려진다는 추측을 할 수 있는 부분은 없다.

❹ 4문단에서 지질학자들은 약 5천만 년 후에 아프리카와 유라시아 대륙이 합쳐져 하나의 대륙이 될 것으로 예상한다고 하였다.

❺ 3문단을 통해 2억여 년 전에는 대륙이 하나뿐이었음을 추측할 수 있다. 따라서 대륙과 대륙 사이를 배를 타고 이동했을 것이라는 추측은 적절하지 않다.

3 ②

3 ㉠'지각'은 '지구의 바깥쪽을 차지하는 부분.'을 의미하는데, ②의 '지각'도 같은 의미이다. ①, ③의 '지각'은 '정해진 시각보다 늦게 출근하거나 등교함.', ④, ⑤의 '지각'은 '사물의 이치나 도리를 분별하는 능력.'을 의미한다.

공기 청정기의 작동 원리

어휘 체크 22쪽

1 ❶ 섭취 ❷ 미세 ❸ 제거 ❹ 주기적

2 ①

2 두 문장 모두 기계가 작용을 받아 움직인다는 의미를 담고 있다. '작동'은 '짓다 작(作), 움직이다 동(動)'이 쓰여 '기계가 움직임.'을 뜻한다. ②는 '작성'의 뜻, ③은 '감동'의 뜻이다.

독해 핵심 체크 24쪽

문단별 핵심 정리

❶ 공기 ❷ 오염 ❸ 헤파 ❹ 이온화

문단별 핵심 정리 1문단에서는 공기 청정기의 역할과 공기 정화 방식을 제시하고, 2문단에서는 그 중 하나인 필터 방식의 공기 정화 원리와 효과, 3문단에서는 필터 방식에서 사용되는 헤파 필터에 대해 설명하고 있다. 4문단에서는 이온화 방식의 공기 정화 원리와 효과를 설명하고 있다.

핵심 내용 구조화

❶ 필터 ❷ 오존

핵심 내용 구조화 이 글에서는 필터로 공기를 정화하는 공기 청정기와 음이온을 생성하여 공기를 정화하는 공기 청정기에 대해 설명하고 있다. 각 공기 청정기가 작동하는 원리를 정리하고 이와 연결하여 장점, 주의할 점을 정리할 수 있다.

주제 확인

정화

주제 확인 공기 청정기는 공기에 있는 오염 물질을 걸러 내어 공기를 정화하는 장치로, 공기 청정기의 공기 정화 방식에는 필터 방식과 이온화 방식이 있다는 것을 설명하였다.

문제 정답 및 해설 25쪽

1 ③

1 2문단에서 꽃가루나 동물의 털을 잘 제거하는 방식은 필터 방식이라고 하였다. 이온화 방식은 악취 제거와 살균에 효과적이나, 꽃가루나 동물의 털을 필터 방식보다 잘 제거하는지는 알 수 없다.

2 ③

2 4문단에서 이온화 방식은 악취 제거에 효과적이라고 하였다. 따라서 이온화 방식을 통해 악취를 제거하기는 어렵다는 설명은 적절하지 않다.

오답인 이유

❶ 2문단에서 필터 방식 공기 청정기의 필터에는 오염 물질이 붙어 있기 때문에 필터 교체나 청소 같은 주기적인 관리가 필요하다고 하였다.
❷ 2문단에서 호흡기 또는 알레르기 질환을 가진 사람에게는 꽃가루나 동물의 털을 잘 제거할 수 있는 필터 방식의 공기 청정기가 도움이 된다고 하였다.
❹ 4문단에서 이온화 방식은 전기료 외에 추가 비용이 들지 않는다는 장점이 있다고 하였다.
❺ 4문단에서 이온화 방식은 강한 전기로 음이온을 만들고 오염 물질과 음이온이 결합하게 하여 오염 물질이 음전기(−)를 띠게 한다고 하였다.

3 ④

3 4문단에는 이온화 방식 공기 청정기가 인체에 해를 끼치는 오존을 발생시킨다는 내용이 담겨 있다. 따라서 4문단에 오존이 신체에 미치는 부정적 영향에 관련된 내용이 들어가면, 내용을 보충할 수 있고 글의 흐름이 자연스럽다.

05 대중과 가까운 팝 아트

어휘 체크 26쪽

1 ① 대중 ② 변형 ③ 대량 ④ 반영

2 ②

2 두 문장 모두 다른 사람에 대해 공정하게 생각하지 못한다는 의미를 담고 있다. '편견'은 '치우치다 편(偏), 보다 견(見)'이 쓰여 공정하지 못하고 한쪽으로 치우친 생각을 뜻한다. ①은 '허언'의 뜻, ③은 '고집'의 뜻이다.

독해 핵심 체크 28쪽

문단별 핵심 정리

① 대중적 ② 소재 ③ 앤디 워홀 ④ 순수

핵심 내용 구조화

① 반대 ② 현실

주제 확인

경계

문단별 핵심 정리 1문단에서는 대중적 미술인 팝 아트의 뜻과 팝아트가 등장한 배경을, 2문단에서는 팝 아트에 활용된 소재와 팝 아트의 표현 방법을, 3문단에서는 팝 아트의 대표 작가인 앤디 워홀과 로이 리히텐슈타인을, 4문단에서는 순수 예술과 대중 예술의 경계를 허문 팝 아트의 의의를 설명하고 있다.

핵심 내용 구조화 어려운 추상 표현주의에 반대하여 시작된 팝 아트의 등장 배경과 뜻을 설명한 후에, 팝 아트의 특징을 소재, 표현 방법, 대표 작가로 나누어 설명하였다. 마지막으로 팝 아트가 인기를 끈 이유와 의의를 설명하고 있다.

주제 확인 대중 미술인 팝 아트가 왜 등장하게 되었는지, 어떤 특징이 있는지 설명하고, 팝 아트가 순수 예술과 대중 예술의 경계를 허물었다는 평가를 받았음을 설명하였다.

문제 정답 및 해설 29쪽

1 ⑤

1 1문단에서 팝 아트는 추상 표현주의에 반대하여 등장하였다고 설명하였다. 추상 표현주의는 실제 존재하는 것을 그리기보다 작가의 감정과 자유로움을 표현했고, 구체적인 형태를 그리지 않았다. 따라서 ⑤는 추상 표현주의에 대한 설명이다.

2 ⑤

2 2~4문단에 의하면 팝 아트는 생활 속 소재를 활용하여 사람들이 쉽게 즐길 수 있는 예술이었다. 반면 순수 예술은 소수의 사람들만 즐길 수 있는 어려운 예술이었다. ⑤에는 예술은 작품을 이해할 만한 높은 수준의 지성을 갖춘 소수의 사람들만이 즐길 수 있다는 내용이 담겨 있는데, 이는 예술의 대중화를 중시한 팝 아트 작가인 앤디 워홀의 생각이라고 보기 어렵다.

3 ③

3 ㉠'친숙하다'와 ㉡'익숙하다'는 뜻이 비슷한 관계이다. '간섭'은 직접 관계가 없는 남의 일에 부당하게 참견한다는 뜻이고, '참견'은 자기와 별로 관계없는 일이나 말 따위에 끼어들어 쓸데없이 아는 체하거나 이래라저래라 한다는 뜻으로, 뜻이 비슷하다. 반면 ①, ②, ④, ⑤의 두 어휘는 서로 뜻이 반대인 관계이다.

1 1 섭취　2 대륙　3 거대, 충돌　4 전래, 확산　5 방지, 제거

2 1 재배　2 대량　3 원산지　4 작물　5 순환　6 반영　7 주기적

3

1 자동차의 엔진이 [　　] 되지 않아 차가 멈췄다. — 작동

2 현미경으로 [　　] 한 물체를 확대하여 관찰하였다. — 미세

3 어미 코끼리가 새끼를 [　　] 하는 호랑이를 공격했다. — 위협

4 발레리나의 발은 반복된 연습 때문에 그 모양이 [　　] 되었다. — 변형

5 아이들에게 재난 상황에 [　　] 할 수 있는 방법을 알려 주었다. — 대응

(보기: 위협, 대응, 미세, 작동, 변형)

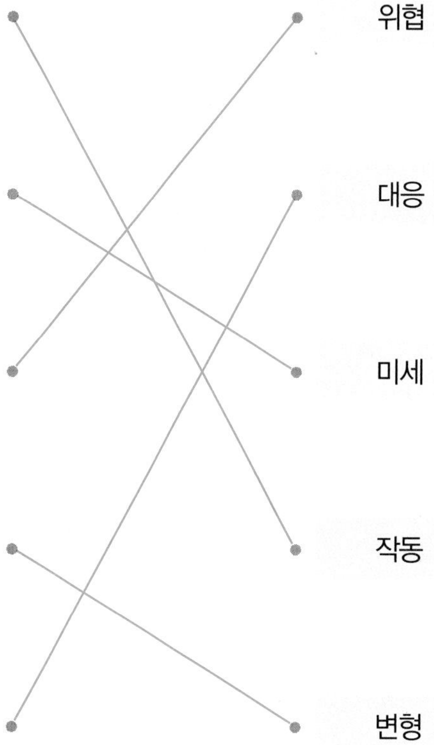

4 ② ····· ②번 문장의 ‘편견’은 ‘공정하지 못하고 한쪽으로 치우쳐 생각하는 것.’이라는 뜻으로, 누군가가 편견에 사로잡힌 모습을 보면 따뜻한 인간미를 느낄 수 없다. 따라서 ②의 문장에는 ‘편견’보다는 ‘배려’와 같은 어휘가 어울린다.

06 언어의 본질

어휘 체크 34쪽

1 ① 결합 ② 유사 ③ 필연적 ④ 의사소통

2 ③

2 두 문장 모두 수량이나 크기에 한계가 없다는 의미를 담고 있다. '무한'은 '없다 무(無), 한정하다 한(限)'이 쓰여 수량, 정도, 크기에 한계가 없다는 의미이다. ①은 '무효'의 뜻, ②는 '무질서'의 뜻이다.

독해 핵심 체크 36쪽

문단별 핵심 정리

① 말소리 ② 자의성 ③ 약속 ④ 시간 ⑤ 창조성

문단별 핵심 정리 1문단에서 언어의 역할과 구성 요소를 설명한 뒤, 2~5문단에서 언어의 본질을 네 가지 특성으로 나누어 구체적으로 설명하고 있다.

핵심 내용 구조화

① 사회성 ② 역사성

핵심 내용 구조화 2~5문단에서 언어의 본질인 자의성, 사회성, 역사성, 창조성을 차례로 나열하며 설명하고 있다.

주제 확인

본질

주제 확인 이 글은 언어가 본디부터 가지고 있는 성질인 언어의 본질 네 가지에 대해 설명하였다.

문제 정답 및 해설 37쪽

1 ③

1 3문단에서 언어는 같은 언어를 쓰는 사람들 사이에 정해진 약속이라고 하였다. 따라서 사회적 약속으로 굳어진 말의 소리나 뜻을 개인이 마음대로 바꿀 수 없다. 언어는 사용하는 사람이 아니라 시간의 흐름에 따라 말소리나 뜻이 변화하기도 한다.

2 ①

2 A는 '즈믄'이라는 말이 현대에 와서 사라진 예이므로 시간의 흐름에 따라 변화하는 언어의 역사성을 알 수 있다. B는 같은 대상을 우리말과 중국어에서 각각 다른 말소리로 표현하는 예이므로 말소리와 뜻의 연결이 필연적이지 않다는 언어의 자의성을 알 수 있다.

3 ⑤

3 보기의 '민지'는 자기 마음대로 '돈'을 '잼'으로 바꿔 말하였다. 이렇게 사회적 약속을 어기고 자기 마음대로 언어를 바꾸어 사용하면 다른 사람들이 잘 알아듣지 못하여 의사소통이 제대로 이루어지지 않는다.

오답인 이유

❶ 언어의 구성 요소인 말소리와 뜻에 대한 설명이지만, 반드시 하나의 말소리에 하나의 뜻만 결합해야 하는 것은 아니다. 또한 보기의 내용과도 관련이 없다.
❷ 말소리와 뜻 사이에 필연적 관계가 없는 것은 언어의 자의성이지만, 그렇다고 사회적 약속으로 굳어진 언어를 개인이 마음대로 바꿀 수는 없다.
❸ 언어의 역사성과 관련된 내용이다.
❹ 언어의 자의성과 관련된 내용이다.

07 기업의 사회적 책임

사회

어휘 체크 38쪽

1 ① 추구 ② 경영 ③ 무분별 ④ 신뢰

2 ②

2 두 문장 모두 어떤 일에 정성이나 최선과 같은 힘과 마음을 모두 들였다는 의미를 담고 있다. 이를 통해 '다하다'의 뜻을 짐작할 수 있다. '다하다'는 어떤 일을 위하여 힘, 마음 따위를 모두 들인다는 의미이다. ①은 '마치다'의 뜻, ③은 '다가서다'의 뜻이다.

독해 핵심 체크 40쪽

문단별 핵심 정리

① 이윤 ② 사회 ③ 신뢰 ④ 긍정적

핵심 내용 구조화

① 소비자 ② 사회

주제 확인

사회적 책임

문단별 핵심 정리 1문단에서는 기업의 성장 과정과 영향력을 이야기하며 기업이 사회적 책임을 다해야 하는 이유를 설명하였다. 2문단에서는 기업이 실천해야 할 사회적 책임을 제시하였고, 3문단과 4문단에서는 기업이 사회적 책임을 다했을 때 얻을 수 있는 이점을 근거로 들며 주장을 뒷받침하고 있다.

핵심 내용 구조화 3문단과 4문단에서 각각 기업이 사회적 책임을 다했을 때 기업과 사회에 미치는 긍정적인 영향을 근거로 들며 기업이 사회적 책임을 다해야 한다는 글쓴이의 주장을 뒷받침하고 있다.

주제 확인 글쓴이는 기업이 이윤 추구뿐만 아니라 사회 전체의 발전을 위해 사회적 책임을 다해야 한다고 주장하고 있다.

문제 정답 및 해설 41쪽

1 ⑤

1 1문단과 2문단을 통해 기업의 주요 목적은 이윤 추구이지만 이윤 추구만을 생각해서 무분별하게 개발을 하거나 환경을 파괴하는 행동은 적절하지 않음을 알 수 있다.

2 ②

2 3문단에서 기업이 사회적 책임을 다한다면 소비자의 신뢰를 얻어(ㄱ), 제품 판매량이 증가하는 등 기업의 이윤 증가와 성장에도 좋은 영향을 미친다고 하였다(ㄷ).

오답인 이유

ㄴ. 기업이 사회적 책임을 다하는 것과 상품을 빠르게 생산하는 것은 서로 관계가 없다.
ㄹ. 기업이 사회적 책임을 다하면 저렴한 상품을 생산할 수 있는지 이 글에서 확인할 수 없다.

3 ①

3 이 글에서는 기업이 사회적 책임을 다해야 한다고 주장하며 이에 대한 근거로 기업이 사회적 책임을 다하면, 기업의 이윤에도 좋은 영향을 끼치고 사회에도 긍정적인 영향을 끼친다고 하였다. ②~⑤는 이와 같은 이 글의 주장을 뒷받침하기에 적절한 사례이다. ①은 사회적 책임과 관련이 없는 기업의 이윤을 높이기 위한 활동이다.

08 백신의 원리와 기능

어휘 체크 42쪽

1 ① 수명 ② 체계 ③ 반응 ④ 증상

2 ③

2 두 문장은 모두 어떤 문제가 생기지 않게 미리 대처하는 방법을 말하고 있다. '예방'은 '미리 예(豫), 막다 방(防)'이 쓰여 질병이나 재해 따위가 일어나기 전에 미리 대처하여 막는다는 의미이다. ①은 '확대'의 뜻, ②는 '치료'의 뜻이다.

독해 핵심 체크 44쪽

문단별 핵심 정리

1 의약품 2 바이러스 3 증상 4 개발 5 치료

핵심 내용 구조화

1 면역 2 내부

주제 확인

예방

문단별 핵심 정리 1문단에서는 백신의 발명으로 생긴 변화와 백신의 뜻을, 2문단에서는 백신이 면역 체계를 만드는 원리를, 3문단에서는 질병을 예방하는 백신의 기능을, 4문단에서는 질병을 치료하는 백신의 개발을, 5문단에서는 질병을 치료하는 백신의 원리를 설명하였다.

핵심 내용 구조화 이 글에서는 우리 몸의 면역 체계가 만들어지는 원리를 이용해 바이러스 등의 외부 침입자로 인한 질병을 예방하고, 인체 내부의 문제로 생긴 질병을 치료하는 백신의 기능에 대해 설명하고 있다.

주제 확인 이 글에서는 백신이 무엇인지, 백신이 어떤 원리로 면역 체계를 만들어 주는지를 설명하며 백신이 질병을 예방할 뿐만 아니라 치료할 수도 있음을 이야기하고 있다.

문제 정답 및 해설 45쪽

1 ⑤

1 2문단에서 우리 몸은 바이러스가 들어오면 스스로 바이러스를 방어하는 면역 체계를 만든다고 하였다.

2 ④

2 독감 백신은 독감을 치료하는 기능이 아니라 독감에 걸리지 않게 하거나 독감에 걸리더라도 약한 증상만 나타나게 하는 기능이 있는 것이다.

오답인 이유

❶ 이 글의 3문단에서 백신은 질병이 약한 증상만 일으키게 한다고 하였다.

❷, ❸ 이 글을 통해 백신은 일부러 우리 몸에 약한 바이러스를 주사하는 것임을 알 수 있다. 따라서 병을 일으키는 바이러스가 무엇인지 알아야 그에 해당하는 바이러스로 질병을 예방하는 백신을 만들 수 있다.

❺ 보기 에서 매년 독감 예방 주사를 맞는 것이 좋다고 하였으므로, 백신을 한 번 맞는다고 해서 독감이 계속 예방되는 것은 아님을 짐작할 수 있다.

3 ④

3 외부는 '바깥 부분.', '내부'는 '안쪽 부분.'의 뜻으로 서로 의미가 반대된다. '몸 : 인체', '침입 : 침략', '질병 : 질환', '세다 : 강하다'는 모두 서로 비슷한 의미를 지닌 어휘들이다. '오다'는 '다른 곳에서 이곳으로 움직이다.', '가다'는 '어느 한곳에서 다른 곳으로 움직이다.'의 뜻으로 '외부 : 내부'와 같이 서로 의미가 반대된다.

09 기술 바코드의 진화, QR코드

어휘 체크 46쪽

1 ① 개발 ② 전용 ③ 허락 ④ 용도

2 ③

2 첫 번째 문장은 도둑 때문에 그림이 망가졌다는 의미를, 두 번째 문장은 환경 오염 때문에 자연이 못 쓰게 되었다는 의미를 담고 있다. '훼손'은 '헐다 훼(毁), 덜다 손(損)'이 쓰여 헐거나 깨뜨려 못 쓰게 만든다는 의미이다. ①은 '제거'의 뜻, ②는 '훼방'의 뜻이다.

독해 핵심 체크 48쪽

문단별 핵심 정리

① 바코드 ② 스마트폰 ③ 저장 ④ 오류 ⑤ QR코드

문단별 핵심 정리 1문단에서 현재 바코드보다 편리한 점이 많은 QR코드의 등장을, 2문단에서 QR코드의 사용 편리성을, 3문단에서 QR코드에 담을 수 있는 정보량과 형식의 다양성을, 4문단에서 QR코드의 뛰어난 인식률과 오류 복원 기능을 설명하였다. 5문단에서는 QR코드가 앞으로도 우리 생활에서 다양한 용도로 활용될 것임을 언급하였다.

핵심 내용 구조화

① 전용 ② 숫자

핵심 내용 구조화 2~4문단에서 QR코드가 어떤 면에서 바코드보다 편리한지 사용의 편리성, 저장할 수 있는 정보의 양과 형식, 인식률과 오류 복원 기능으로 나누어 설명하고 있다.

주제 확인

용도

주제 확인 이 글은 바코드와 QR코드의 특징을 비교하여 QR코드가 가지고 있는 장점에 대해 설명하고 있다.

문제 정답 및 해설 49쪽

1 ⑤

1 2문단에서 QR코드는 개발사에서 기술을 자유롭게 사용할 수 있도록 허락하여 누구나 QR코드를 만들고 사용할 수 있다고 설명하였다.

2 ①

2 이 글의 2~4문단에서 바코드와 QR코드의 특징을 대조하며 바코드에 비해서 QR코드가 어떤 점에서 뛰어난지 설명하였다. '대조'는 한 대상과 다른 대상의 차이점을 중심으로 설명하는 설명 방식이다.

3 ③

3 3문단에서 QR코드의 모서리에는 네모난 세 개의 점이 있어 이 점을 기준으로 어느 방향에서든 QR코드를 인식할 수 있다고 하였다.

오답인 이유

❶ 3문단에서 바코드는 숫자 정보만을 담을 수 있다고 하였다.
❷ 4문단에서 QR코드는 코드의 일부분이 더러워져도 정보를 복원할 수 있다고 하였다.
❹ 3문단에서 QR코드가 최대로 담을 수 있는 정보량을 제시하고 있으므로 QR코드의 정보량에 제한이 없는 것은 아니다.
❺ 3문단에서 바코드는 숫자에 대한 정보만 담을 수 있다고 하였으므로, 바코드에 영상 정보를 담을 수는 없다.

수원 화성 건축의 특징

어휘 체크 50쪽

1 ① 설계 ② 장비 ③ 단축 ④ 복원

2 ③

2 첫 번째 문장은 정부가 한글날에 공휴일이라는 자격을 주었다는 의미를, 두 번째 문장은 문화재 17건이 국가 보물 자격을 갖게 되었다는 의미를 담고 있다. '지정(指定)'은 '가리킬 지(指), 정하다 정(定)'이 쓰여 관공서, 학교, 회사, 개인 등이 어떤 것에 특정한 자격을 준다는 의미이다. ①은 '지적'의 뜻, ②는 '지지'의 뜻이다.

독해 핵심 체크 52쪽

문단별 핵심 정리

1 수원 화성 2 장비 3 재료 4 지형 5 복원

문단별 핵심 정리 1문단은 수원 화성의 건축 배경, 2문단은 수원 화성을 건축할 때 활용한 새로운 건설 장비의 종류와 효과, 3문단은 수원 화성 성벽을 쌓을 때 사용한 건축 재료와 효과, 4문단은 자연 지형을 활용한 수원 화성의 건축 형태와 효과, 5문단은 수원 화성의 가치에 대해 설명하였다.

핵심 내용 구조화

1 거중기 2 벽돌 3 자연

핵심 내용 구조화 2문단에서 새로운 건설 장비 도입을, 3문단에서 새로운 건축 재료 활용을, 3문단에서 자연 지형에 맞춘 건축 형태를 설명하고 있다.

주제 확인

건축

주제 확인 이 글은 뛰어난 조선 후기 건축 기술이 반영된 수원 화성의 건축 장비와 재료, 형태를 설명하고 수원 화성의 가치를 제시하였다.

문제 정답 및 해설 53쪽

1 ③

1 수원 화성을 건축할 때 주변 지형에 맞춰 성벽을 쌓았기 때문에 효율적으로 지을 수 있었고 주변 자연 환경과 조화롭게 어울릴 수 있었다.

2 ⑤

2 정약용은 벽돌과 석회로 벽을 쌓고 벽 안쪽은 흙을 채우는 방식을 이용하였다. 이를 통해 화강암끼리 제대로 맞물리지 않아 외부의 공격에 쉽게 성벽이 무너질 수 있는 기존 성벽의 단점을 보완하였다.

3 ⑤

3 ㉠의 '짓다'는 '재료를 들여 밥, 옷, 집 따위를 만들다.'의 의미를 갖는다. ⑤의 '짓다' 역시 '다리'를 건설하는 것이기 때문에 ㉠의 '짓다'와 뜻이 비슷하다.

오답인 이유

❶의 '짓다'는 '한데 모여 줄이나 대열 따위를 이루다.'라는 뜻이다.
❷의 '짓다'는 '여러 가지 재료를 섞어 약을 만들다.'라는 뜻이다.
❸의 '짓다'는 '묶거나 꽂거나 하여 매듭을 만들다.'라는 뜻이다.
❹의 '짓다'는 '어떤 표정이나 태도 따위를 얼굴이나 몸에 나타내다.'라는 뜻이다.

1 1 설계　　2 허락　　3 증상　　4 장비, 단축　　5 무분별, 훼손

2 1 유사　　2 수명　　3 결합　　4 필연적　　5 개발
6 다하다　　7 지정

3

1 이 나무는 여러 [　　] 로 두루 쓰인다. — 용도

2 예술은 새로움을 [　　] 하는 활동이다. — 추구

3 그녀는 약속을 어긴 적이 없어 [　　] 가 간다. — 신뢰

4 식물은 온도와 습도에 민감하게 [　　] 한다. — 반응

5 우리는 손상된 그림을 [　　] 하기 위해 노력했다. — 복원

6 문자 메시지의 전송 속도가 이전보다 빨라져 [　　] 이 더 원활해졌다. — 의사소통

(보기: 의사소통, 복원, 용도, 추구, 신뢰, 반응)

4 ④ ····· '유한'은 '수, 양, 공간, 시간 등에 일정한 한도나 한계가 있음.'이라는 뜻으로 무엇이든지 할 수 있는 가능성에 대해 말하고 있는 문장에는 어울리지 않는다. 따라서 '유한'보다 '수량, 정도, 크기에 한계가 없음.'을 뜻하는 '무한'이 적절하다.

휴리스틱의 영향

어휘 체크 58쪽

1 ① 판단 ② 용이성 ③ 사례 ④ 고려

2 ③

2 두 문장 모두 앞으로 일어날 상황에 대한 예측의 의미를 담고 있다. '가능성'은 '들어주다 가(可), 할 수 있다 능(能), 성질 성(性)'이 쓰여 앞으로 실제 이루어질 수 있는 성질이나 정도를 뜻한다. ①은 '재주'의 뜻, ②는 '잠재력'의 뜻이다.

독해 핵심 체크 60쪽

문단별 핵심 정리

① 휴리스틱 ② 대표적 ③ 회상 용이성 ④ 오류

문단별 핵심 정리 1문단에서 휴리스틱의 개념과 종류를, 2문단에서 대표성 휴리스틱의 개념과 사례를, 3문단에서 회상 용이성 휴리스틱의 개념과 사례를 설명하였다. 4문단에서 휴리스틱의 장단점을 정리하고, 휴리스틱으로 인한 생각의 오류에 빠지지 않도록 노력하는 태도의 필요성을 강조하였다.

핵심 내용 구조화

① 대표성 ② 정보

핵심 내용 구조화 2~3문단에서 대표성 휴리스틱과 회상 용이성 휴리스틱에 대해 설명하였고, 4문단에서 휴리스틱이 판단에 미치는 좋은 영향과 나쁜 영향에 대해 설명하였다.

주제 확인

객관적

주제 확인 이 글은 먼저 휴리스틱의 의미와 종류를 설명한 뒤, 마지막 문단에서 휴리스틱이 빠른 판단을 하는 데 도움을 주기도 하지만 이로 인해 오류에 빠질 수도 있으므로 객관적으로 판단하는 태도가 필요하다고 설명하였다.

문제 정답 및 해설 61쪽

1 ⑤

1 3문단에서 우리는 보통 자신이 경험한 사례, 생생한 사례, 충격적인 사례들을 더 쉽고 빠르게 떠올린다고 하였다.

2 ①

2 무언가를 많이 읽거나 본 사람들의 대표적인 특성은 시력이 나빠져 안경을 쓰는 경우가 많다는 것이다. 따라서 안경을 쓴 친구를 보고 책을 많이 읽겠다고 판단한 것은 대표성 휴리스틱에 해당한다.

오답인 이유

❷ 장염에 걸린 사람이 많다는 자기 주변의 사례를 머릿속에 떠올리고 어림짐작하여 판단한 내용이므로 회상 용이성 휴리스틱이 작용한 사례이다.

❸ 일기 예보라는 정보를 보고 우산을 준비하는 것은 휴리스틱이 작용하여 어림짐작한 것이 아니므로 휴리스틱과 관계가 없다.

❹ 내 방이 친구의 방보다 크다는 정보를 확인한 것이므로 휴리스틱과 관계가 없다.

❺ 뉴스에서 본 충격적인 사건을 머릿속에 떠올려 자동차보다 비행기가 더 위험하다고 잘못된 판단을 내린 경우이므로 회상 용이성 휴리스틱이 작용한 사례이다.

3 ④

3 보기는 뉴스에 나온 일부 유명한 운동선수들의 사례를 떠올리며, 운동선수는 돈을 잘 벌 것이라고 어림짐작하여 판단하고 있다. 이는 회상 용이성 휴리스틱이 작용하여 잘못된 판단을 내린 경우에 해당한다.

12 발명가의 권리, 특허

어휘 체크 62쪽

1 ① 독점
② 진단
③ 인정
④ 보상

2 ①

2 첫 번째 문장은 까마귀가 바람직하지 않은 이미지를 가지고 있다는 의미이고, 두 번째 문장은 인터넷의 잘못된 말들이 일상생활에 바람직하지 않은 영향을 미친다는 의미이다. '부정적'은 '아니다 부(否), 바로잡다 정(定), ~하는 것 적(的)'이 쓰여 바람직하지 못한 것이라는 뜻을 지닌다. ②는 '비극적'의 뜻, ③은 '소극적'의 뜻이다.

독해 핵심 체크 64쪽

문단별 핵심 정리

① 발명 ② 특허 발명
③ 산업적 ④ 특허

핵심 내용 구조화

① 자연법칙 ② 산업적

주제 확인

특허

문단별 핵심 정리 1문단에서 특허의 의미와 긍정적인 영향을, 2문단에서 특허를 받기 위한 조건을, 3문단에서 특허를 받을 수 없는 경우를, 4문단에서 특허 전문 회사의 긍정적·부정적 측면을 설명하였다.

핵심 내용 구조화 2문단에서 특허의 보호를 받기 위해서 갖추어야 하는 조건을, 3문단에서 특허를 받을 수 없는 예외적인 경우를 설명하였다.

주제 확인 이 글은 특허의 의미 및 특허의 보호를 받기 위해 갖추어야 할 조건을 설명하고, 특허의 중요성이 커진 오늘날 등장한 특허 전문 회사가 특허에 미친 긍정적·부정적 영향을 제시하였다.

문제 정답 및 해설 65쪽

1 ⑤

1 3문단에서 문학이나 예술적 표현은 특허를 받을 수 없다고 설명하고 있을 뿐, 특허 제도가 문학이나 예술 영역에 미친 영향에 대한 설명은 없다.

오답인 이유

❶ 1문단에서 발명가의 권리를 보호하기 위해 만든 것이 특허 제도라고 하였다.
❷ 3문단에서 자연법칙을 이용하지 않거나 산업적 이용 가능성을 인정하지 않아 특허를 받지 못하는 사례를 제시하였다.
❸ 2문단에서 발명이 특허를 받기 위한 조건을 설명하였다.
❹ 4문단에서 특허 전문 회사들이 특허 시장에 미치는 긍정적인 영향을 제시하였다.

2 ⑤

2 2문단에 특허의 대상이 되는 조건이 제시되어 있는데, 그중 첫 번째가 자연법칙을 이용하여 만들어 낸 것이어야 한다는 조건이다. 3문단에서 수학 공식은 자연에 존재하는 법칙을 이용한 것이 아니라 인간의 정신적 활동이기 때문에 특허의 대상이 될 수 없다고 하였다.

3 ②

3 4문단에서 특허 전문 회사는 발명가의 노력과 창의성에 대한 충분한 보상 없이 특허를 사들이거나, 기업에 특허 관련 소송을 지나치게 제기하여 기업의 제품 생산비를 증가시키는 부정적인 영향을 미치고 있다고 하였다.

13 수면과 뇌 기능

어휘 체크 66쪽

1 ① 실행
② 처리
③ 노화
④ 창의력

2 ②

2 두 문장 모두 증거물이나 그림의 내용을 보고 신분이나 심리 상태를 알아낸다는 의미를 담고 있다. '추리'는 '헤아리다 추(推), 다스리다 리(理)'가 쓰여 아는 사실로 미루어 아직 모르는 사실을 알아내려고 한다는 뜻이다. ①은 '강조'의 뜻, ③은 '기억'의 뜻이다.

독해 핵심 체크 68쪽

문단별 핵심 정리

① 수면 ② 기능
③ 6 ④ 효과적

핵심 내용 구조화

① 처리 ② 전전두엽
③ 기억력

주제 확인

뇌

문단별 핵심 정리 1문단에서 수면과 뇌 기능의 관계를, 2문단에서 전전두엽의 기능과 수면이 뇌 기능에 미치는 영향을, 3문단에서 수면이 뇌 기능에 미치는 영향에 관한 실험 내용을, 4문단에서 충분한 수면의 필요성을 설명하고 있다.

핵심 내용 구조화 2~3문단에서 전전두엽의 기능과 수면이 뇌 기능에 미치는 영향을, 4문단에서 충분한 수면의 필요성을 설명하고 있다.

주제 확인 이 글은 잠이 부족하면 일시적인 노화 현상으로 인해 뇌의 전전두엽이 제대로 기능을 하지 못하게 되므로, 잠을 충분히 자는 것이 뇌가 제 기능을 다해 기억력과 창의력을 높이는 데 중요한 역할을 한다는 점을 설명하고 있다.

문제 정답 및 해설 69쪽

1 ②

1 2문단에서 나이가 들면 전전두엽의 기능이 떨어지는데, 나이가 들지 않아도 수면 시간이 부족하면 일시적으로 이러한 노화 현상이 생긴다고 하였다.

오답인 이유

❶ 2문단에서 전두엽은 대뇌 앞부분에 있고, 전두엽의 맨 앞쪽에 전전두엽이 있다고 하였다.
❸ 4문단에서 밤에 충분히 자는 것이 기억력과 창의력을 높이는 데에 효과적이라고 하였다.
❹ 3문단에서 스틱골드 박사는 새로운 지식이나 기술을 익히려면 그것을 외우거나 배운 날 6시간 이상 잠을 자야 된다는 사실을 알아냈다고 하였다.
❺ 2문단에서 수면 시간이 부족하면 복잡하거나 추리가 필요한 일을 잘 해내지 못한다고 하였다. 그러나 복잡하고 추리가 필요한 문제를 풀 때 기억력보다 창의력이 더 중요하다는 내용은 이 글에 나타나 있지 않다.

2 ⑤

2 이 글에서는 충분한 수면이 기억력을 높이는 데 도움이 된다는 내용을 뒷받침하기 위해, 3문단에서 스틱골드 박사의 말과 실험 내용을 제시하고 있다.

3 ④

3 2문단에서 전전두엽은 일을 계획해서 순서 있게 실행하고 동시에 여러 가지 일을 효과적으로 처리하는 역할을 하는데, 잠이 부족하면 이러한 전전두엽의 기능이 떨어진다고 하였다. 이를 통해 밤에 충분히 자야 뇌가 제 기능을 다하여 기억력과 창의력이 높아짐을 알 수 있다.

14 신재생 에너지의 필요성

70쪽 ~ 73쪽

어휘 체크 70쪽

1 ① 배출 ② 변환 ③ 무한정 ④ 확보

2 ③

2 첫 번째 문장은 꽃이 세계 여러 나라에 널리 흩어져 퍼져 있다는 의미이고, 두 번째 문장은 인구가 각 지역에 퍼져 있는 정도를 조사하는 것을 의미한다. '분포'는 '나누다 분(分), 펴다 포(布)'가 쓰여 무엇이 여러 곳에 흩어져 퍼져 있다는 의미이다. ①은 '분담'의 뜻, ②는 '분류'의 뜻이다.

독해 핵심 체크 72쪽

문단별 핵심 정리

① 화석 연료 ② 재생 ③ 장점 ④ 국가

문단별 핵심 정리 1문단에서 화석 연료를 대신할 수 있는 에너지 자원의 필요성을, 2문단에서 신재생 에너지의 개념과 종류를, 3문단에서 신재생 에너지의 장점을, 4문단에서 신재생 에너지의 다양한 활용 사례를 설명하고 있다.

핵심 내용 구조화

① 변환 ② 바람 ③ 무한정

핵심 내용 구조화 이 글은 신재생 에너지에 대해 설명하는 글로, 2문단에서 신재생 에너지의 개념과 종류를, 3문단에서 신재생 에너지의 장점을 알 수 있다.

주제 확인

신재생

주제 확인 이 글은 신재생 에너지에 대한 관심이 높아진 배경과 신재생 에너지의 개념 및 특징, 다양한 활용 사례를 설명하고 있다.

문제 정답 및 해설 73쪽

1 ④

1 1문단에 화석 연료의 사용이 환경에 미치는 영향이, 2문단에 신재생 에너지의 종류와 재생 가능한 자원의 예가, 3문단에 신재생 에너지의 장점이 제시되어 있다. 그러나 신재생 에너지의 문제점에 대한 설명은 이 글에 나와 있지 않다.

오답인 이유

❶ 2문단에 태양광 에너지, 지열 에너지 등 신재생 에너지의 종류가 나타나 있다.
❷ 3문단에 무한정·무공해 에너지인 신재생 에너지의 장점이 나타나 있다.
❸ 2문단에 태양, 바람, 물 등의 재생 가능한 에너지원이 나타나 있다.
❺ 1문단에서 화석 연료 사용이 지구 온난화의 원인이라고 설명하면서 화석 연료가 환경에 미치는 영향을 나타내고 있다.

2 ①

2 4문단에서 브라질의 사례를 제시하며 사탕수수나 옥수수 등의 식물을 이용한 바이오 에너지에 대해 설명하고 있다.

3 ④

3 보기는 신재생 에너지 개발의 문제점에 대해 설명하고 있다. 보기를 통해 신재생 에너지 개발은 초기 투자 비용이 많이 들고, 국가의 기술력 차이에 따라 개발 속도에 차이가 생김을 알 수 있다. 따라서 국가의 경제력에 따라 신재생 에너지 개발이 어려울 수 있다는 반응을 보일 수 있다.

15 종묘 제례악

어휘 체크 74쪽

1 ❶ 제례 ❷ 업적 ❸ 번영 ❹ 의례

2 ③

2 두 문장 모두 현충일 기념 의식과 장례식이 진지한 분위기에서 진행된다는 의미를 담고 있다. '엄숙하다'는 '엄격하다 엄(嚴), 엄숙하다 숙(肅)'이 쓰여 뜻깊고 중요한 일이어서 격식에 맞고 매우 진지하다는 의미이다. ①은 '화기애애하다'의 뜻, ②는 '경쾌하다'의 뜻이다.

독해 핵심 체크 76쪽

문단별 핵심 정리

❶ 종묘 제례 ❷ 악장 ❸ 일무 ❹ 향악기 ❺ 의례

핵심 내용 구조화

❶ 건국 ❷ 문무 ❸ 팔음

주제 확인

종합

문단별 핵심 정리 1문단에서 종묘 제례악의 의미와 구성 요소를, 2문단에서 종묘 제례에서 부르는 노래인 '악장'의 내용을, 3문단에서 종묘 제례에서 추는 춤인 '일무'의 종류를, 4문단에서 종묘 제례악에서 사용하는 악기를, 5문단에서 종묘 제례악의 문화적 의의를 설명하고 있다.

핵심 내용 구조화 2문단에서 종묘 제례에서 부르는 노래인 악장의 내용을 제시하고 있으며, 3문단에서 종묘 제례에서 추는 춤인 일무의 종류를 설명하고 있다. 4문단에서 종묘 제례악의 음악에 쓰인 악기에 대해 설명하고 있다.

주제 확인 이 글은 종묘 제례악의 의미와 구성 요소를 설명한 후에 종묘 제례악이 지닌 문화적 가치를 밝히고 있다.

문제 정답 및 해설 77쪽

1 ②

1 4문단에서 종묘 제례악에서는 우리 고유의 향악기와 함께 중국의 아악기 및 당악기 등 다양한 악기가 사용되었다고 하였다.

2 ④

2 무용수가 왼손에는 피리 종류인 '약'을, 오른손에는 깃털을 단 도구인 '적'을 들고 있으므로 보기 의 자료는 '문무'에 해당한다. '문무'는 「보태평」과 같이 조상의 학문과 덕을 노래할 때 추던 춤이다.

오답인 이유

❶ 사진의 장면만으로는 종묘 제례악에서 추는 춤의 순서를 알기 어렵다.
❷ 「정대업」과 같이 나라를 세운 업적을 노래할 때는 나무로 만든 칼과 창을 들고 '무무'를 춘다.
❸ 사진에서는 종묘 제례악에서 '일무'라는 춤을 출 때 사용한 도구들을 보여 주고 있다.
❺ 왼손에는 '약'을 들고 있고, 오른손에는 '적'을 들었다고 했으므로 '문무'에 해당한다.

보기 돋보기

보기 의 사진은 '일무'의 한 종류인 '문무'를 추는 장면이다. 여러 사람이 줄을 지어 왼손엔 구멍이 세 개로 된 피리 모양의 악기인 '약'을, 오른손엔 꿩 깃털로 장식한 '적'을 들고 춤을 추고 있다.

3 ①

3 '보존되다'는 '잘 보호되고 지켜져 남겨지다.'라는 뜻이다. 따라서 ㉠'보존되어'는 '지켜져'와 바꾸어 쓸 수 있다.

1 1 무한정 2 제례 3 추리 4 독점, 보상 5 판단, 인정

2 1 부정적 2 처리 3 확보 4 업적 5 용이성 6 사례 7 진단

3

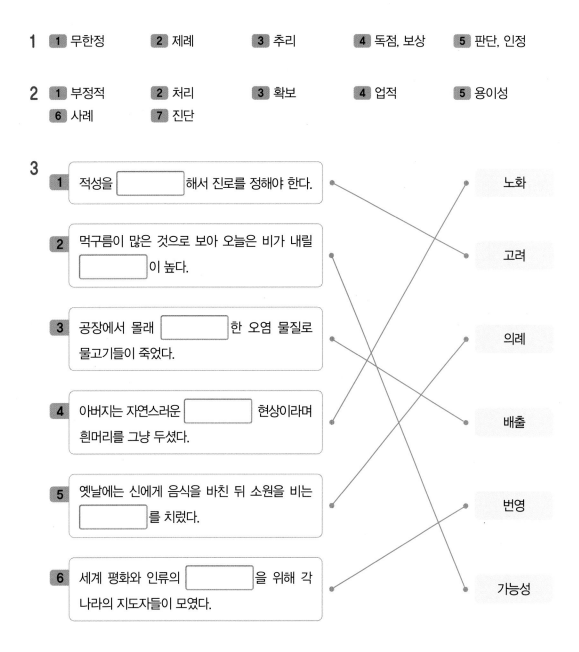

1. 적성을 [ ] 해서 진로를 정해야 한다.
2. 먹구름이 많은 것으로 보아 오늘은 비가 내릴 [ ] 이 높다.
3. 공장에서 몰래 [ ] 한 오염 물질로 물고기들이 죽었다.
4. 아버지는 자연스러운 [ ] 현상이라며 흰머리를 그냥 두셨다.
5. 옛날에는 신에게 음식을 바친 뒤 소원을 비는 [ ] 를 치렀다.
6. 세계 평화와 인류의 [ ] 을 위해 각 나라의 지도자들이 모였다.

- 노화
- 고려
- 의례
- 배출
- 번영
- 가능성

4 ① …… '분포'는 '무엇이 여러 곳에 흩어져 퍼져 있음.'이라는 뜻으로, 가게 홍보를 위해 광고지를 나누어 주고 있다는 내용의 문장에는 어울리지 않는다. 따라서 '분포'보다는 '신문이나 책자 따위를 널리 나누어 줌.'을 뜻하는 '배포'와 같은 어휘가 어울린다.

16 행복의 의미

어휘 체크 82쪽

1 ① 궁극적 ② 의식주 ③ 풍요 ④ 중시

2 ②

2 두 문장 모두 어떤 일에 온 정신이나 관심을 쏟는다는 의미를 담고 있다. '몰두'는 '잠기다 몰(沒), 머리 두(頭)'가 쓰여 어떤 일에 온 정신을 다 기울여 열중한다는 뜻이다. ①은 '실천', ③은 '유지'의 뜻이다.

독해 핵심 체크 84쪽

문단별 핵심 정리

1 행복 2 객관 3 정신 4 가치

핵심 내용 구조화

1 건강 2 삶

주제 확인

행복

문단별 핵심 정리 1문단에서는 모든 사람이 관심을 가지는 행복, 2문단에서는 객관적 조건의 종류와 필요성, 3문단에서는 정신적 조건의 종류와 필요성, 4문단에서는 진정한 행복을 위해 갖춰야 하는 정신적 조건에 대해 설명하고 있다.

핵심 내용 구조화 2문단에서는 객관적 조건의 종류와 필요성에 대해 설명하였다. 3문단에서는 정신적 조건의 종류와 필요성, 정신적 조건을 통해 느끼는 행복과 객관적 조건을 통해 느끼는 행복의 차이점을 설명하였다.

주제 확인 이 글은 정신적 조건을 충족하며 느끼는 행복을 중시해야 하는 이유와 진정한 행복을 얻을 수 있는 방법에 대해 설명하였다.

문제 정답 및 해설 85쪽

1 ⑤

1 2문단에서 의식주, 건강, 지위와 같은 객관적 조건이 인간다운 삶을 유지하기 위해 필요한 조건이라고 하였다.

오답인 이유

❶ 3문단에서 정신적 조건이 충족되지 않는다면 객관적 조건만으로는 행복을 이루기 어렵다고 하였다.
❷ 3문단에서 진정한 행복은 정신적 조건을 충족하여 느끼는 행복처럼 우리 삶 전체를 통해 오래도록 느낄 수 있는 것이어야 한다고 하였다.
❸ 자신에 대한 불만과 불안은 정신과 관련된 것으로 객관적 조건에 해당하지 않는다. 또한, 3문단에서 자신에 대한 불만과 불안을 느낀다면 행복할 수 없다고 하였다.
❹ 2문단에서 의식주, 건강, 지위 등이 객관적 조건이라고 하였고, 3문단에서 마음의 평화나 보람, 성취감 등이 정신적 조건이라고 하였다.

2 ⑤

2 행복한 왕자의 동상은 행복의 객관적 조건을 추구하기보다는 마음의 평화, 보람, 성취감 같은 정신적 조건을 추구하였다. 그래서 다른 사람들과 함께 살아가려고 노력하며 진정한 행복을 느꼈다.

3 ④

3 ㉠은 정신적 조건을 객관적 조건보다 더 중시해야 한다는 내용이다. 이에 대해서 객관적 조건 역시 정신적 조건만큼 중요하다는 내용으로 비판할 수 있다.

17 식량 문제 어떻게 해결할까

어휘 체크 86쪽

1 ① 해소 ② 제한 ③ 개입 ④ 우선시

2 ③

2 두 문장 모두 일정한 기준이나 원칙 없이 하고 싶은 대로 하면 안 된다는 내용을 담고 있다. '임의'는 '맡기다 임(任), 뜻 의(意)'가 쓰여 하고 싶은 대로 한다는 의미이다. ①은 '계획'의 뜻, ②는 '예상'의 뜻이다.

독해 핵심 체크 88쪽

문단별 핵심 정리

1 식량 2 이익 3 제한 4 개입

문단별 핵심 정리 1문단에서는 식량 자원 불균형 문제를 제시하였다. 2~3문단에서는 문제의 원인으로 거대 곡물 기업과 식량 수출 국가 및 선진국의 행태를 설명했다. 4문단에서는 문제를 해결하기 위한 방법으로 국제 사회의 적극적인 개입을 제시했다.

핵심 내용 구조화

1 불균형 2 보호 3 무역

핵심 내용 구조화 이 글은 현재 세계가 겪고 있는 식량 문제 상황을 제시하고, 문제의 원인으로 자신의 이익을 우선시하는 거대 곡물 기업들과 식량 수출 국가들, 선진국들의 행태를 지적하였다. 그리고 이 문제를 해결하기 위해 식량 문제에 국제 사회가 개입해야 함을 주장하고 있다.

주제 확인

국제

주제 확인 글쓴이는 식량의 불균형 문제를 해결하기 위해 국제 사회의 적극적인 개입이 필요하다고 주장한다.

문제 정답 및 해설 89쪽

1 ④

1 2문단에서 거대 곡물 기업들이 기업의 이익을 위해서 곡물 생산량을 임의로 조절하면서 식량의 가격이 오르고 가난한 국가들은 계속해서 식량 부족을 겪게 된다고 하였다.

오답인 이유

❶ 3문단에서 최근 기후 변화 등으로 식량의 생산량이 줄어들었다고 하였다.
❷ 1문단에서 지구상의 자원은 고르게 분포되어 있지 않다고 하였다.
❸ 2문단에서 현재 지구는 130억 명이 먹을 수 있는 식량을 생산할 능력이 있으며, 이는 현재 지구의 인구 70억 명에게 충분한 양이라고 하였다.
❺ 4문단에서 쌀, 옥수수와 같은 필수 자원은 가격이 올라도 수요를 줄이기 어렵다고 하였다.

2 ④

2 글쓴이는 기업과 국가 모두 자기 이익을 우선시하기 때문에 자유로운 무역 활동을 통해 식량 문제를 해결하기는 어렵다고 생각한다. 그래서 식량 문제에 국제 사회가 적극적으로 개입하여 문제를 해결해야 한다고 주장하고 있다.

3 ①

3 3문단에서 국가들은 자국의 식량 시장은 보호하고, 타국의 식량 시장에는 자유로운 무역 활동을 요구하는 이중적인 태도를 보이고 있다고 하였다. 이들 국가와 마찬가지로, A국가가 B국가에 농산물 시장 개방을 요구한 것은 A국가의 이익을 위한 것이지, B국가의 농산물 시장을 보호하기 위한 것이라고 볼 수 없다.

18 물체를 띄우는 힘

어휘 체크 90쪽

1 ① 작용 ② 성질 ③ 조절 ④ 수심
2 ③

2 두 문장 모두 아래에서 무언가를 받치고 있다는 의미를 담고 있다. '떠받치다'는 '주저앉거나 쓰러지지 않도록 밑에서 위로 받쳐 버티다.'의 의미이다. ①은 '떠밀리다'의 뜻, ②는 '떠받다'의 뜻이다.

독해 핵심 체크 92쪽

문단별 핵심 정리

1 힘 2 무게 3 부피 4 부레 5 잠수함

문단별 핵심 정리 1문단에서는 물속에서 작용하는 부력과 부력의 개념에 대해 이야기하고, 2, 3문단에서는 부력의 작용에 영향을 미치는 요소인 무게와 부피에 대해 설명하고 있다. 4, 5문단에서는 부력을 이용하고 있는 물고기, 사람이 부력을 이용하여 만든 잠수함에 대해 설명하였다.

핵심 내용 구조화

1 크면 2 작아져서

핵심 내용 구조화 2문단에서 물체의 무게가 부력의 작용에 어떻게 영향을 미치는지 설명하고, 3문단에서 물체의 부피가 부력의 작용에 어떻게 영향을 미치는지 설명하였다.

주제 확인

부력

주제 확인 이 글은 액체나 기체 속에 있는 물체를 위로 뜨게 하는 힘인 부력의 작용과, 그에 영향을 미치는 요소인 부피와 무게에 대해 설명한 글이다.

문제 정답 및 해설 93쪽

1 ①

1 2문단에서 물체의 무게보다 부력이 크면 물체는 물에 뜬다고 하였다. 이를 통해 물체의 무게보다 부력이 작으면 물체는 물 위에 뜰 수 없음을 알 수 있다. 즉 ①은 적절하지 않은 내용이다.

2 ②

2 부력이 같은 상태에서 플라스틱 병 안에 모래를 가득 채우면 병의 무게가 무거워져 물속에 가라앉는다. 따라서 ②에서 플라스틱 병을 물에 뜨게 하려면 병 안의 모래를 빼서 병의 무게를 가볍게 해야 한다.

오답인 이유

❶ 배의 무게를 가볍게 하여 부력이 커지게 하는 원리를 활용하였다.
❸ 낚시찌의 무게가 부력보다 작아서 물에 뜨는 원리를 활용하였다.
❹ 잠수부의 무게를 무겁게 하여 부력이 작아지게 하는 원리를 활용하였다.
❺ 구명조끼에 공기를 넣어 부풀리면 구명조끼의 부피가 커지고, 부력이 커져서 물에 뜨는 원리를 활용하였다.

3 ④

3 ㉠과 ④의 '들다'는 '아래에 있는 것을 위로 올리다.'라는 뜻이다.

오답인 이유

❶ '물감, 색깔, 물기, 소금기가 스미거나 배다.'의 뜻이다.
❷ '어떤 범위나 기준, 또는 일정한 기간 안에 속하거나 포함되다.'의 뜻이다.
❸ '어떤 일이나 기상 현상이 일어나다.'의 뜻이다.
❺ '버릇이나 습관이 몸에 배다.'의 뜻이다.

고층 건물의 설계

어휘 체크 94쪽

1 ❶ 하중 ❷ 면적 ❸ 지탱 ❹ 배치

2 ①

2 두 문장은 가뭄 때문에 논바닥이 갈라지거나, 건물이 오래되어서 벽이 갈라진다는 의미를 담고 있다. '균열'은 '터지다 균(龜), 찢다 열(裂)'이 쓰여 여러 쪽으로 갈라지는 것을 의미한다. ②는 '균일'의 뜻, ③은 '균형'의 뜻이다.

독해 핵심 체크 96쪽

문단별 핵심 정리

❶ 고층 ❷ 바람 ❸ 외력 ❹ 튜브

문단별 핵심 정리 1문단은 첨단 기술이 담긴 고층 건물의 건축학적 가치, 2문단은 고층 건물을 설계할 때 고려해야 하는 외력, 3문단은 고층 건물을 설계하는 기술 중의 하나인 튜브 시스템의 특징, 4문단은 기본 튜브 시스템에서 변화를 준 다양한 기술을 설명하고 있다.

핵심 내용 구조화

❶ 하중 ❷ 원통형

핵심 내용 구조화 2문단에서 고층 건물을 설계할 때 고려해야 하는 외력인 하중과 바람을 설명하고, 3문단에서 외력을 잘 견디게 설계된 튜브 시스템의 구조를 설명하였다.

주제 확인

튜브

주제 확인 고층 건물의 외력인 하중과 바람을 효과적으로 견디는 구조 설계 기술인 튜브 시스템의 특징을 설명하였다.

문제 정답 및 해설 97쪽

1 ④

1 이 글은 외력에 잘 견딜 수 있는 고층 건물의 구조 설계 기술인 튜브 시스템에 관한 글로, 고층 건물에 쓰이는 재료에 대한 내용은 나타나 있지 않다.

2 ④

2 3문단을 통해 튜브 시스템 구조의 건물은 하중을 잘 견디게 하기 위해 건물 안쪽에 수직 기둥을 만들어 세웠음을 알 수 있다.

오답인 이유

❶ 3문단에서 튜브 시스템 구조의 건물은 하중을 잘 견디기 위해 나무의 줄기와 유사한 원통형의 모양으로 만들었다고 하였다.
❷ 3문단에서 바람과 지진 등의 수평 방향의 힘을 잘 견디기 위해 튜브형의 구조로 건물 외관을 만들었다고 하였다.
❸ 2문단에서 건물이 높아질수록 하중은 더 증가하므로, 하중을 견디기 위해서는 맨 아래층의 면적을 가장 넓게 하고, 꼭대기로 갈수록 면적이 줄어들도록 설계해야 한다고 하였다.
❺ 3문단에서 튜브 시스템 구조의 건물은 가운데 부분을 비워 사람이 사용할 수 있는 공간을 만들었다고 하였다.

3 ④

3 '저항'은 '어떤 힘에 대하여 굽히지 않고 맞서거나 견디는 것.'을 의미한다. '성질·위치·방향 등이 서로 완전히 다른 것.'은 '반대'의 의미이다.

20 발레의 시대적 변화

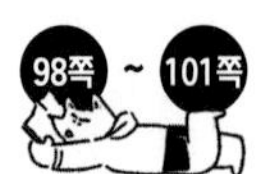

어휘 체크 98쪽

1 ① 유래
② 서정적
③ 낭만적
④ 도약

2 ②

2 두 문장은 모두 많은 사람들 가운데 눈에 띄는 사람을 표현하고 있다. '돋보이다'는 '여럿 중에서 훌륭하거나 뛰어나 도드라져 보이다.'라는 뜻이다. ①은 '묻히다'의 뜻, ③은 '돋다'의 뜻이다.

독해 핵심 체크 100쪽

문단별 핵심 정리

1 발레 2 낭만
3 고전 4 모던

핵심 내용 구조화

1 서정적 2 화려
3 간단

주제 확인

시대

문단별 핵심 정리 1문단에서는 발레의 유래와 종류, 2문단에서는 19세기 초 낭만 발레의 특징, 3문단에서는 19세기 후반 고전 발레의 특징, 4문단에서는 20세기 모던 발레의 특징에 대해 설명하고 있다.

핵심 내용 구조화 이 글은 2~4문단에 걸쳐 19세기 초부터 20세기까지 시대의 흐름에 따라 발레의 변화 과정을 설명하고 있다. 낭만 발레, 고전 발레, 모던 발레 각각의 특징을 줄거리, 무대와 춤 동작, 남녀 무용수 역할, 의상 등의 측면에서 알려 주고 있다.

주제 확인 이 글은 궁궐에서 추던 춤인 발레가 시대의 흐름따라 낭만 발레, 고전 발레, 모던 발레로 발전한 과정과 각각의 특징을 설명하였다.

문제 정답 및 해설 101쪽

1 ②

2 ②

3 ⑤

1 2문단에서 낭만 발레의 중심인물은 여성 무용수였고, 남성 무용수는 보통 보조적인 역할만을 맡았다고 하였다.

2 ㉠'로맨틱 튀튀'는 여러 겹으로 되어 하늘하늘하고 길이가 발목까지 오는 긴 스커트로 요정들이 둥둥 떠다니는 느낌을 주어 환상적인 분위기를 만들고, ㉡'클래식 튀튀'는 짧고 뻣뻣한 의상으로 무용수의 화려한 발동작이나 도약, 회전 등이 잘 보이게 한다.

오답인 이유

❶ ㉠은 낭만 발레의 의상, ㉡은 고전 발레의 의상으로 둘 다 여성 무용수가 입는 의상이다.
❸ 어떤 장면의 이미지나 주제를 표현한 것은 모던 발레이다.
❹ ㉠은 낭만 발레의 의상이므로 발끝을 곧게 세우는 동작에 어울리고, ㉡은 고전 발레의 의상이므로 위로 뛰어오르는 동작에 어울릴 것이다.
❺ 몸의 선이 지닌 본래의 아름다움을 보여 주는 의상은 모던 발레의 의상이고, 요정들이 떠다니는 듯한 느낌을 주는 의상은 낭만 발레의 의상이다.

3 보기에 제시된 「도베 라 루나」는 정해진 줄거리 없이 삶과 죽음의 의미를 달빛과 무용가의 몸짓으로만 표현하고 있다고 했다. 따라서 정해진 줄거리 없이 어떤 장면의 이미지나 주제를 무용수의 움직임 자체로 표현한 모던 발레 작품으로 보는 것이 적절하다.

1 1 수심　2 우선시　3 몰두　4 배치, 지탱　5 하중, 조절

2 1 낭만적　2 의식주　3 궁극적　4 돋보이다　5 임의　6 떠받치다　7 해소

3

1 들판의 곡식들이 [　] 롭게 익었다.	풍요
2 기름은 물과 섞이지 않는 [　] 이 있다.	성질
3 이 마을의 이름은 오래전부터 전해진 전설에서 [　] 되었다.	유래
4 지구 온난화로 갯벌의 [　] 이 줄어들고 있다.	면적
5 고양이가 껑충 [　] 해서 지붕 위로 올라갔다.	도약
6 경찰이 적극적으로 [　] 해서 사건을 빠르게 해결했다.	개입

4 ④ ⋯⋯ '작용'은 '어떠한 현상이나 행동을 생기게 함.'이라는 뜻으로 아쉬움을 느끼며 친구들과 헤어지는 상황을 나타낸 문장에 어울리지 않는다. 따라서 '작용'보다는 '인사를 나누고 헤어짐. 또는 그 인사.'를 뜻하는 '작별'과 같은 어휘가 어울린다.

MEMO

메모는 여기에!

초등부터 수능까지 필수 어휘력과 독해력을 학습합니다.

대표전화 1544-0554
주소 서울특별시 구로구 디지털로33길 48 대륭포스트타워 7차 20층